KB105705

날마다 조금씩
자라는 아이들

날마다 조금씩 자라는 아이들

초등 교사 천경호의 학교 이야기

천경호 지음

이후

언젠가
피기 마련이다

봄이 되면 프리지어를 산다. 꽃을 사면서 알게 된 것이 하나 있다. 아직 피지 않은 꽃이 더 비싸다는 것이다.

벼에도 조종이 있고 만종이 있다. 같은 벼라도 일찍 여무는 것이 있고, 나중에 여무는 것이 있다는 것이다.

영재 교육이 있다. 일찍 재능을 피운 아이들. 이들의 재능은 어디까지 이어질까 생각해 본 적이 있다. 여덟 살 때 상대성 이론을 이해한 천재에서 논문 표절 시비로 속절없이 사라져 간 한 학생을 알게 되면서.

학업 성취가 느린 아이들이 있다. 개인 간 발달의 시간 차 때문인지 혹은 주어진 환경적 요인 때문인지 알 수 없다.

다만 한 가지. 언젠가 다음 발달 단계로 나아갈 것임은 믿는다. 물론 특수한 경우를 제외하고.

아동·청소년 대상의 심리 프로그램이 늘 감안하는 것이 있다. 프로그램 효과가 발달에 의한 것인지 프로그램 효과에 의한 것인지를 통계적으로 찾아 제거하는 것이다.

아이들은 날마다 성장한다. 오늘 풀지 못한 문제를 내일, 혹은 모레 풀 수도 있다. 날마다 조금씩 자라는 아이들이니까.

그래서 조급해하지 않는다. 프리지어 꽃처럼 나중에 피는 꽃이 더 가치 있는 삶을 살지도 모르기 때문이다.

일찍 핀 꽃이 빨리 지는 모습을 보며, 내 아이들은 천천히 피더라도 오래도록 만개할 수 있기를 바란다.

그래서 믿고 기다린다. 누구나 활짝 필 씨앗을 가졌으니까.

2019년 6월
교사 천경호

4부 교사가 할 일을 제대로 하게 하라

일러두기

― 맞춤법과 띄어쓰기는 〈표준국어대사전〉의 표기를 따르고 있으나, 단체
이름이나 교과명, 학교에서 쓰는 행정 용어 등은 흔히 쓰는 표기 방식을 따
랐습니다.

― 책에 나오는 아이들 이름은 모두 가명입니다.

1부

내가 만난 아이들

반응이 있을 때까지 기다리고,
기다리는 동안 다른 아이들에게 주의를 기울여야 한다.
내가 쉽게 넘어설 수 없는 벽을 넘어설 순간을,
비집고 들어갈 공간이 생기는 때를 만들어야 한다.
기회는 쉽게 오지 않고,
때는 가만히 기다린다고 만들어지지 않는다.
이 아이 덕분에 다른 아이들이 사람을 더 이해하고 성장할 수 있도록,
어떻게 해서든 벽을 넘어서 보고 싶다.
스스로 일어설 수 있도록 만들고 싶다.

내가 어른이
된다면

○

동물을 학대하지 않고 아이한테 잘해 주는 그런 어른이 될 것이다. 담배도 안 피고, 술도 안 마시는 사람이 될 것이다.

쌤보다 나은 어른, 키가 작은 어른, 충실한 어른, 성실한 어른이 될 것이다.

술을 조절할 수 있는 어른, 그리고 착하고 봐주는 어른이 될 것이다.

착한 어른이 될 것이다.

학원을 안 간다고 하면 안 보낼 것이다. 나도 학원을 안 가고 싶을 때의 마음을 잘 알기 때문에 꼭 그럴 것이다.

어린이들에게 인생이 어렵지 않다는 것을 알려 줄 것이고, 공부를 잘하라는 이야기를 전 세계 어린이들에게 말하고 싶다.

나는 커서 착한 어른이 되겠다. 착해지겠다. 끝.

아이들을 보호하는 어른, 어린이들이 안심할 수 있도록 착한 어른이 되겠다.

그냥 모든 사람을 행복하게 만드는 사람. 모든 사람한테 힘이 되고 기운을 넣어 주는 사람, 모든 사람한테 좋은 말을 해 주는 사람이 되고 싶다.

나는 크면 남의 말에 경청하고, 배려하고 남을 소중히 여기는 사람이 되겠다.

나는 크면 사람들을 배려하고 존중하는 어른이 될 것이다.

나는 배려와 존중을 하는 어른이 되겠습니다. 그리고 열심히 노력하겠습니다.

나는 레이서가 되고 싶다. 폭력을 자제하고 열심히, 하는 일에 최선을 다할 거다.

시험 빵 점 맞아도 안 혼내는 어른, 잘 놀아 주는 어른, 책 많이 읽어 주는 어른이 되고 싶다.

공부할 때도 있고, 놀 때도 있는 아주 착한 어른, 거짓말 안 치고, 장난 조금 치고, 책 많이 읽어 주는 어른이 되고 싶다.

행복한 어른(술 안 마시고, 규칙 잘 지키는 사람), 착하고 사람을 즐겁게 해 주는 어른, 거짓말 안 하는 어른이 되고 싶다.

남에게 피해를 끼치는 일을 하지 않을 것이고, 남을 위해 열심히 노력하고, 행복하게 살아가는 바르고, 착한 어른이 될 것이다.

나쁜 행동은 하지 않고 어린이들이 안심하고 다닐 수 있도록 할 것이다. 그리고 선생님보다 나은 어른이 되어 선생님의 꿈을 이루게 할 것이다.

내가 어른이 된다면 어떨 때는 무섭고, 어떨 때는 착하고, 어떨 땐 재밌는 어른이 돼야 할 거고, 담배를 안 필 거다. 그리고 술도 안 마시는 어른이 될 거나.

나는 아이들을 잘 돌보는 착한 아버지가 되겠습니다. 그리고 돈을 잘 버는 그런 어른이 되도록 하겠습니다.

내가 어른이 된다면 선생님처럼 가족을 행복하게 해 주고 싶고, 선생님처럼 아이들을 위해 술, 담배를 안 피고 안 마시는 어른이 될 것이다.

어떤 어른이 되고 싶은지 써 보게 했다. 아이들의 바람대로 성장하기를 기대한다. 아이들 꿈대로 자라서 어른이 된다면 누구나 어디를, 언제 나가도 안심할 수 있는 세상을 만들 수 있을 것 같다.

최고 학년,
가장 멋진 우리들

○

왜 학교에 와야 할까? 혹시 아는 사람?

나는 엄마 아빠가 학교 가라고 해서 왔다. 손 들어 볼까?

나는 급식 먹으러 학교에 왔다. 손?

제일 많네.

나는 친구 만나러 학교에 왔다. 손?

나는 사람다워지려고 학교에 왔다.

하하, 없구나.

사람다워지는 게 뭘까? 공부 잘하는 거? 밥 잘 먹는 거?

잠 잘 자는 거? 친구랑 잘 지내는 거?

글쎄, 어려운 것을 해내는 것이 아닐까? 한번 볼래?

욕하고 싶어도 욕하지 않는 것	
때리고 싶어도 때리지 않는 것	
친구의 이야기에 귀 기울이는 것	
먼저 인사하는 것	
먼저 사과하는 것	
누구에게나 스스럼없이 다가가고 사람과 사람의 마음을 이어 주는 것	
친구를 칭찬하는 것	

욕하고 싶어도 욕하지 않는 것이 어려울까? 욕하고 싶을 때 욕하는 것이 어려울까? 그렇지. 욕하고 싶어도 욕하지 않는 것이 어렵지. 때리고 싶을 때 때리지 않는 것이 어렵겠지. 그래서 우리는 남을 욕하고 때리는 사람을 쉬운 것만 하는

사람이라 '미성숙'하다고 한단다.

어른들은 성숙하냐고? 아니. 욕하고 싶을 때 욕하고, 때리고 싶을 때 때리는 어른들이 얼마나 많은데. 자기 말만 하고, 잘못해 놓고 사과도 하지 않는 어른들. 맨날 남 비난만하고 칭찬이나 격려, 혹은 고맙다는 말은 생전 하지 않는 어른들도 많지. 그래서 우리는 그들을 보고 나잇값을 못한다고 말하잖아. 생각해 보면 '성숙'이란, 어려운 일을 해내는 것 같아.

《우리가 글을 몰랐지, 인생을 몰랐나》라는 책을 아는 사람?
누가 쓴 책일까?

남자일까? 여자일까? 여자?

그럼, 청소년일까? 어른일까? 어른?

그럼, 나이가 젊은 어른일까? 나이가 많은 어른일까?

그래. 나이가 많은 어른들이 쓰신 책이래.

이 책에 나오는 할머니들은 모두 할머니가 된 뒤에 한글을 배우신 분들이야. 이 할머니들 말고, 〈시인 할매〉라는 영화랑 〈칠곡 가시나들〉이라는 영화에도 늦게 배운 한글이랑 그림으로 행복해하시는 할머니들이 나와. 시집도 내고, 벽화도 그리시고.

어때? 대단하지. 나이 들어서도 무엇을 배운다는 것은 행복한 일인 것 같아. 노인이 되면 몸도 아프고, 기억력도 나빠지고, 인생이 불행할 것 같았는데. 아니더라고. 이분들을 보니까 나이 들어도 행복하게 살 수 있을 것 같더라고. 내가 잘못된 고정관념을 갖고 있었던 거지.

너희들에 대해서도 잘못 생각하는 사람들이 많지?
6학년이 가장 제멋대로라는 말. 선생님은 이 말이 가장 기분 나쁘고 속상해.
너희보다 더 못난 어른들이 얼마나 많은데.
너희가 얼마나 멋지고 훌륭한지 사람들은 모르잖아. 그치?
그래서 너희들이 보여 주었으면 좋겠어.
어른들보다 성숙한 너희를.
욕하고 싶어도 욕하지 않고, 때리고 싶어도 때리지 않는 우리를.
내 이야기보다 친구 이야기를 먼저 들어주려는 모습을,
작은 실수에도 먼저 사과하고 용서하는 행동을,
친구의 장점과 고마운 점을 찾기 위해 노력하는 너희가 되기를.
그래서 이 지구상에서 가장 멋지고 훌륭한 6학년 시절을 만들었으면 좋겠어.

그것이 올해 너희에게 부탁하고 싶은 선생님의 꿈이야. 선생님도 노력할게.

선생님 이야기보다 너희 이야기를 더 들어주려고, 너희들 한 명 한 명의 장점과 고마운 점을 찾기 위해 노력할게.

그래서 너희들 모두 가장 행복한 2019년을 만들도록 노력할게.

잘 부탁해.

_ 2019년 3월,

6학년 아이들과 첫 만남에서

오지 않는 아이,
외우지 않는 녀석

○

전화를 받지 않는다. 한 번, 두 번. 해리의 어머니에게 메시지를 남겼다. 아이가 학교에 오지 않았다고. 점심시간이 지나고 5교시. 시 암송 대회를 할 시간이다.

1년에 여덟 편. 3월부터 11월까지 달마다 한 편의 시를 외운다. 11월의 시는 도종환의 「담쟁이」다.

드디어. 해리가 왔다. 야단을 쳐야 했다. 야단치는 이유는 두 가지밖에 없다. 비도덕적인 행위를 하거나 노력하지 않을 때. 이번 경우는 노력하지 않았기 때문이다. 이유는 이렇다.

조부모와 사는 해리. 할머니는 암이어서 누워 계시고, 할아버지는 새벽 다섯 시면 일하러 가신다. 떨어져 사는 엄마 역시 일하느라 주말에만 만난다. 해리를 챙겨 줄 사람이 없는 셈이다.

해리와 친한 다경이에게 해리를 부탁했다. 아침에 일어나면 전화도 해 주고, 오는 길에 같이 와 달라고. 다경이는 흔쾌히 허락했고, 며칠 일찍 등교했다. 오늘 아침. 해리가 다경이에게 "이것만 하고." 말하고는 전화를 끊었다 했다. 그러고는 통화가 되지 않았다.

해리 엄마에게 연락하기가 망설여졌다. 등교하기 싫은 이유가 또 친구들 탓이 아니냐고 따질까 봐. 그래도 메시지를 남겼다. 점심시간이 끝나고 해리는 학교에 왔다.

아침에 일어난 것이 분명했다. 이유를 말하지 않는 해리에게 더 이상 묻지 않았다. 대신 자기 인생을 함부로 다루지 말라고 했다. 교사와 한 약속. 친구와 한 약속 따위 깡그리 무시하고 연락도 받지 않은 행위. 그것이야말로 자신을 함부로 다루는 짓임을.

뒤늦게 온 해리도 시를 외우기 시작했다. 하지만 뒷자리에 앉은 민선이가 시를 외우지 않고 있었다. 5, 6학년 전체가 바라보는 가운데 홀로 4분이 넘는 노래를 외워 부르던 바로 그 아이다. 그런데 오늘은 눈을 맞추면 눈을 피하고 고개를 숙였다. 내 눈치를 보고 있는 것이 분명했다.

물어보았다, 왜 외우지 않는지. 자신에게는 너무 어렵다고 했다. 4분이 넘는 노래를 외워 부르는 민선이가 시 한 편 외우는 것이 어렵다니. 다시 물었다.
"누가 너에게, 넌 못 외울 거야! 그렇게 말했니?"
"아니요."
벽이다. 아이가 세운 벽.

학교 마칠 때마다 함께 외우는 다짐 세 가지, "하나. 나는 부모님을 행복하게 만들겠습니다. 둘. 나는 건강해지겠습니다. 셋. 나는 소리 내 웃겠습니다. 하! 하! 하!"를 외치는 대신 다함께 도종환의 시 「담쟁이」를 외웠다.

담쟁이

도종환

저것은 벽

어쩔 수 없는 벽이라고 우리가 느낄 때

그때

담쟁이는 말없이 그 벽을 오른다.

물 한 방울 없고 씨앗 한 톨 살아남을 수 없는

저것은 절망의 벽이라고 말할 때

담쟁이는 서두르지 않고 앞으로 나아간다

한 뼘이라도 꼭 여럿이 함께 손을 잡고 올라간다

푸르게 절망을 다 덮을 때까지

바로 그 절망을 잡고 놓지 않는다

저것은 넘을 수 없는 벽이라고 고개를 떨구고 있을 때

담쟁이 잎 하나는 담쟁이 잎 수천 개를 이끌고

결국 그 벽을 넘는다

— 도종환, 『담쟁이』 시인생각

민선이에게 물었다. 넘을 수 있냐고. 민선이 스스로 세운 벽
을 넘고 싶으냐고.
결정은 교사인 내가 내리는 것이 아니라 민선이가 내리는
것이니까.

인사를 하고 민선이는 친구들과 함께 시를 외웠다.

지은知恩을 최고로,

보은報恩을 제일로,

모든 일에 함께 노력한다.

우리 반 급훈이다.

함께 노력하고, 같이 성장하는 반. 이 정도면 되었다.

난 최선을 다했다.

전화가 왔다. 성준이 아버지다. 톤이 높다. 화가 나 있는 것
이 분명하다. 준영이 이야기일 것 같았다.

준영이가 성준이를 괴롭히는 것을 몰랐냐고 물어보셨다. 알
고 있다고 했다. 아는데도 왜 지금까지 괴롭히게 두느냐며
교육부에 민원을 넣겠다고 했다. 화가 나신 것 같으니 내일
학교에서 뵙고 이야기하자고 했다.

거실했다. 듣고 싶지도 않고, 들을 이야기도 없다고 했다.
성준이가 괴롭히는 걸 알았으면서 여태 뭘 한 거냐고 물었
다. 그래서 다시 말했다. 그걸 이야기하려고 내일 뵙자고 하
는 거라고.

그냥 전화로 이야기하란다. 가해 학생이라고 지칭한 아이를 지난 1년간 어떻게 지도했는지, 준영이가 어떤 식으로 주변 친구들에게 행동했는지 설명했다.

화가 누그러지신 느낌이다. 다시 밀어붙였다. 준영이가 과거에 어떤 환경이었는지, 예를 들어 준영이가 잘 때 준영이 형이 눈썹을 밀어 버린 일, 형이 몽둥이로 준영이를 때린 일 정도까지.

성준이 아버지의 목소리가 차분해졌다. 한 번 더 밀어붙였다. 준영이가 성준이를 때리고 괴롭힌 것인지 되물었다. 아니란다. 성준이가 방과 후에 축구를 하다가 눈 주변을 다쳐 왔기에, 다른 일은 없느냐고 물었다고 했다. 그랬더니 성준이가 학교 가기 싫다고 했단다.

지난 1년 동안 아버지는 성준이에게 복싱을 가르쳤다. "한 대 맞으면 두 대 때려!" 그러면서. 그런데도 준영이 때문에 학교에 가기 싫다고 하니, 아버지로서는 복장 터질 일이겠다.

그래서 내가 사과했다. 나 때문인 것 같다고. 내가 그렇게 가르쳤다고. 친구가 누군가를 욕하고 괴롭히는 건 그 친구의 인격을 드러내는 일이라고, 그러니 친구를 가엾게 여기고 도와주어야 한다고 가르쳤다고. 그래서 성준이가 참고 있었을 거라고.

사실 성준이도 늘 가만히 참고 있지는 않았다. 성준이가 과민하게 반응해서 준영이를 때린 적도 여러 번 있었으니까. 더 근본적으로 성준이 아버지가 아이를 대하는 태도에 문제가 있었다. 성준이 아버지는 격분해서 아이에게 엄청 화를 냈다고 고백했다. 그래서 아이에게 사과하시라고 부탁드렸다.

어쨌든. 성준이는 왜 학교에 가기 싫은 건지 묻는 아버지에게 준영이가 괴롭혀서 학교 가기 싫다고 대답했고, 그 답을 들은 아버지는 분노에 가득 차 전화를 한 것이었다.

다시 물었다. 준영이가 혹시 오늘 성준이를 괴롭힌 것이냐고. 아니란다. 사실 1학기에 비해 요즘은 거의 괴롭히지 않았단다. 사실 준영이도 좋아진 것이다. 성준이 아버지의 목소리가 점점 작아진다.

준영이는 성준이보다 체격이 작고 빠르다. 놀리거나 간지럼을 태우고 도망가는 일이 많다. 다른 아이뿐만 아니라 교사인 나에게도 같은 태도를 취하는 경우가 많다. 준영이 나름으로는 사람과 친해지는 방식인 것이다.

그것이 타인에게 불편함을 끼치고, 좋은 인상을 심어 주지
못한다는 것을 끊임없이 이야기하며 더 낫게 행동하도록
가르쳐 왔다. 덕분에 정말 많이 좋아졌다. 그 증거를 성준이
아버지 입을 통해 듣게 된 것이다.

자식을 키우는 아버지의 입장에서, 내 아이 한 명도 내 뜻대
로 되지 않는데 하물며 남의 아이를 가르치는 일은 더 어렵
다고 솔직히 말씀드렸다.

욕하고 싶어도 욕하지 않는 사람, 때리고 싶어도 때리지 않
는 사람이 되는 법을 가르치는 곳이 학교라 가르친다고 말
씀드렸다. 그래서 교사인 나도 욕하지 않고, 때리지 않고 가
르치다 보니 힘들다고.

나에게 사과하는 아버지에게 내가 아니라 아이에게 사과하
시고 더 잘해 주시라고 말씀드리고 전화를 끊었다.

전화를 끊고 생각했다. 성준이 아버지가 왜 격분했을까.
바쁘다. 성준이 일상에 관심이 없다. 그래서 필요한 물건은
서슴없이 사 주지만 아이가 잘못을 하면 지나치게 흥분해

서 야단을 친다. 이성적 사고가 작동하지 않는 것이다.

평상시에 아이와 대화가 없다 보니 늘 현상에만 몰입한다. 과거에 있었던 일에 대한 부적 편향*은 커지고 아이가 겪었을 고통에 더하여 자신의 무관심에 대한 죄책감이 생겼을 것이다.

그래서 아버지와 이야기하는 동안 흥분하지 않았다. 그 죄책감을 달래 주고 싶었다. 부모의 입장에서 아이를 키우는 일이 얼마나 힘든 일인지. 다른 아이의 부모도 다르지 않다고 말씀드리고 싶었다. 그러는 데 걸린 시간, 꼬박 55분 53초.

* 부적 편향trait negativity bias : 사람의 행동에 대해 부정적인 측면에 더 주의를 기울이는 경향.

3천7백 원에
가려진 것

○

쉬는 시간에 진우가 다가왔다. 준영이에게 빌려 준 돈 3천 원을 돌려받고 싶다 했다. 이야기를 들어 보았다.

준영이와 피시방에 같이 간 진우는 돈 천 원을 빌렸다. 그랬다가 7백 원을 갚았고, 다시 피시방에서 천 원을 빌렸다. 갚아야 할 돈은 천3백 원이었다.

준영이가 일주일에 두 배씩 돈이 올라갈 거라고 말했다지만, 진우는 듣지 못했다 한다.

1주가 지나자 천3백 원의 두 배인 2천6백 원이 되었고, 다시 1주가 더 흐르자 갚아야 할 돈은 2천6백 원의 두 배인 5천2백 원이 되었다. 진우는 준영이에게 2백 원이라도 깎아 달라 했고, 결국 5천 원을 준영이에게 주게 되었다.

내가 어렸을 때 남에게 백 원을 못 빌려 꼬박 다섯 시간을 걸어간 적이 있다는 얘기를 아이들에게 해 주었다. 거스름돈 백 원을 더 받은 걸 알고 달려가 돌려준 이야기도 해 주고, 『십팔사략』에 나오는 '양진의 사지'* 이야기도 들려주었다. 조금이라도 남에게 신세를 지면 반드시 갚으려고 애써야 한다고 했다.

계산해 보니 원금을 제외한 이자 3천7백 원을 돌려받아야 했다. 반 아이들과 토의를 했다. 아이들 대부분이 준영이가 3천7백 원을 돌려주어야 한다고 했다. 준영이는 2주가 지나서 돈을 갚았으니 5천2백원을 받는 것은 당연하고, 이제와 돌려달라 주장하는 건 옳지 않다 했다. 치열했다.

새로운 기억이 등장했다. 학기 초에 둘이 같이 피시방에 갔다. 그때 진우가 컵라면, 아이스티, 피시방비 4천8백 원어치를 준영이에게 사 주었단다. 그러니 그때 사 준 4천8백 원에 이번에 돌려받을 돈 3천7백 원을 얹어서 달라고 했다. 준영이는 진우에게 8천5백 원을 줘야 할 판이다.

* 양진의 사지 : 후한 시대 양진의 추천으로 창읍령昌邑令이 된 왕밀이라는 이가 양진에게 금 열 근을 내놓으면서 "어두운 밤이라 아무도 아는 사람이 없습니다." 하자, "하늘이 알고 귀신이 알고 네가 알고 내가 아는데 어찌 앎이 없다 하는가?天知神知子知 我知何謂無知" 했다는 일화.

반 아이들 모두 돈을 빌린 친구의 편이 되었고, 준영이는 물러서지 않았다. 그런데 가장 중요한 이야기를 아무도 하지 않았다.

첫째, 왜 둘은 함께 피시방에 간 것일까?
둘째, 왜 진우는 4천8백 원을 아낌없이 베풀었을까?

돈을 빌린 진우에게 물었다.
"친하게 지내고 싶어서요."

준영이에게 물었다.
"3천7백원을 가질래? 친한 친구를 얻을래?"
"친한 친구요."
"그럼 어떻게 할 거야?"
"돈을 돌려줄래요."

아이들은 돈보다 친구가 중요하다는 것을 알고 있다.
가끔 잊어서 문제일 뿐.
좋은 친구를 얻는 것이 돈을 얻는 것보다 중요하다는 걸 다시 확인한 순간이었다.

대답 없는
아이

○

불리하면 입을 다문다. 내 눈을 지그시 바라보며 눈만 껌벅
인다. 하루에 한 번. 하고 있는 일을 제지하면 주먹을 쥐었
다 폈다 하고 눈을 깜박인다.

정문이는 스스로를 다스리는 걸 어려워했다. 수업에 참여하
지 않고 쉬는 시간부터 하던 일을 지속해야만 했다. 교사건
친구건 함부로 가로막아 서면 액팅 아웃*했다.

스스로 결정하게 했다. 다른 선택을 아노톡 기다리는 동인

---

* Acting out, 자신의 기억이나, 태도, 또는 갈등을 말보다 행동을 통해 표
현하는 것.

다른 아이들과 수업을 했다. 웃음소리가 나고, 흥미롭게 수업이 진행되고, 정문이가 나를 힐끔힐끔 쳐다본다. 다시 물었다.

"이제, 같이 할까?"

정문이는 다시 고개를 돌렸다.

수업을 마치고 점심시간이 되었다. 밥을 먹자고 해도 들은 체도 하지 않았다. 아이들 모두 급식을 받고 밥을 먹기 시작했다. 다시 권유했다. 배고플 테니 밥을 먹자고. 정문이는 대답하지 않았다.

급식 당번에게 정문이의 식판에 밥을 준비해 달라고 부탁했다. 잠시 후 정문이는 하던 일을 멈추고 밥을 먹기 시작했다. 밥을 금세 다 먹고 식판 검사를 받으러 왔다.

아이들 모두 운동장으로 나간 교실에 정문이가 혼자 남아 책장을 이리저리 뒤적였다. 물어보았다.

"무슨 책 찾아?"

"수수께끼 책이요. 근데 없어요."

도서관에 가 보자고 했다.

하루하루 조마조마하다. 내가 없을 때 무슨 일이 벌어지지는 않을까. 자기 행동이 무엇을 뜻하는지도 모르는 정문이가 안쓰럽다. 그래서 기다린다. 기다리며 다른 아이들도 신경 써야 한다. 대답 없는 정문이만 바라보고 있을 순 없다.

반응이 있을 때까지 기다리고, 기다리는 동안 다른 아이들에게 주의를 기울여야 한다. 내가 쉽게 넘어설 수 없는 벽을 넘어설 순간을, 비집고 들어갈 공간이 생기는 때를 만들어야 한다.

기회는 쉽게 오지 않고, 때는 가만히 기다린다고 만들어지지 않는다. 이 아이 덕분에 다른 아이들이 사람을 더 이해하고 성장할 수 있도록, 어떻게 해서든 벽을 넘어서 보고 싶다. 스스로 일어설 수 있도록 만들고 싶다.

마음에 세워 놓은 장벽을 넘어섰으면 좋겠다.

아이가
울었다

○

급식 먹는 순서를 정한다고 모둠 안에서 가위 바위 보를 했다. 준영이 짝인 윤정이가 이겼고 다른 친구보다 앞에 섰다. 뒤에 서게 된 준영이가 윤정이를 못생겼다고 놀렸다.

급식을 다 먹을 때쯤 윤정이를 불렀다. 화가 나고 속상한 기색이 역력했다. 물어보았다.
"힘들지?"

윤정이는 울기 시작했다. 남학생이 먼저 앉은 후 여학생이 자리에 앉는 차례였다. 윤정이는 누구 옆에 앉을까 망설이다 마지막에 앉았다. 누구도 옆에 앉기 싫어하는 준영이가 짝이 되었으니, 그 마음이 오죽할까. 다시 물었다.

"싫지?"

윤정이는 울면서 고개를 끄덕였다. 나도 알고 있었다. 윤정이가 짝을 싫어한다는 사실을.
"준영이도 알겠지?"

이번에도 고개를 끄덕였다. 교사인 내가 알고 있으니 가까이에 있는 짝은 물론 알고 있을 것이다.

"다른 친구는 준영이를 좋아하니?"
알고 있다. 대부분의 아이들이 준영이를 싫어한다는 사실을. 나도, 윤정이도.

"준영이도 알겠지? 친구들이 자신을 싫어한다는 걸."
윤정이는 눈물을 닦으며 고개를 끄덕였다.

"얼마나 학교에 오기 싫을까? 반 친구들이 자신을 싫어하는데. 그치?"
내답이 없다.

"선생님은 네가 즐겁게 학교에 다녔으면 좋겠어. 그래서 네 짝에게 노력해 달라고 부탁했어."

"……."

"알아. 쉽게 바뀌지 않을 거라는 걸. 그래서 네 도움이 필요해. 좋아해 달라는 게 아니야. 믿어 달라는 거야. 매일 조금씩 나아질 거라고."

"선생님이 너에게 부탁할게. 네가 내 제자이듯, 준영이도 선생님 제자거든. 너도, 준영이도 즐겁게 학교 생활했으면 좋겠어. 그게 선생님 꿈이거든."

윤정이는 울음을 그치고 고개를 끄덕이며 자리로 돌아갔다. 과연 준영이는 어떻게 변화할까?

미성숙과
특별함

○

"제가 왜 지우개를 빌려 주어야 하죠?"
지우개가 없어서 빌려 달라는 짝에게 빌려 주기 싫단다. 자신이 필요한 물건을 남이 빌려 주는 것은 당연해도, 남이 필요한 물건을 내가 빌려 주는 것은 싫다는 진우.

차돌처럼 자기 생각만으로 똘똘 뭉친 아이. 타인의 입장에서 생각하지 않고('못 하고'가 아니라 '안 하고'다.) 자신의 잘못을 인정하지 않는 아이.

이 어린 아이들이 어쩌다 이렇게 남의 이야기를 안 듣게 된 걸까? 잘못에 대한 변명은 어찌나 논리적인지. 진우가 가진 인지능력이 아까울 정도다.

진우의 부모가 이기적일까? 아니다. 진우의 부모는 교사의 이야기를 귀 기울여 듣는다. 그럼, 길러진 본능인가? 타고난 학습인가?

이 아이의 경우에는 길러진 본능이 아닌가 생각되었다. 진우의 부모는 자식의 욕구를 무척이나 잘 읽어 내는 분들이었다. 다른 아이들과 잘 어울리지 못하는 진우를 두고, 특별한 내 아이를 수용하지 못하는 학교나 다른 아이들에게 원인이 있다고 생각하셨다.

이전 학년 담임교사 때문에 힘들었다는 학부모의 이야기는 꽤 의미심장하게 들렸다.

미성숙과 특별함은 다르다. 관계에서 오는 갈등은 타인의 입장에서 생각해 볼 수 있는 기회다. 다양한 가정환경에서 자라온 친구들과 한자리에 모이면 반드시 갈등이 생긴다.

성인이 되어 사랑해서 결혼한 부모조차 싸우는데 하물며 낯선 아이들이 모여 있는 교실에서 갈등이 없기를 바라는 것은 어리석은 바람이다.

예를 하나 들어 보자. 점심시간 10분 전에 예비 종이 친다.

다른 친구들은 전부 교실로 들어가는데 진우는 자신과 놀던 친구를 붙잡고 더 놀자고 한다. 결국 점심시간 종료를 알리는 종이 치고 5교시 수업이 시작된 후에야 천천히 교실로 들어온다.

진우에게 왜 늦었냐고 묻자 종소리를 못 들었다고 했다. 다른 친구들이 반박한다. 종 쳤다고, 같이 교실로 가자고 했단다. 하지만 진우는 주장을 굽히지 않는다. 교사는 진우를 질책하고 아이는 입으로(표정은 아니다.) 잘못했다고 말한다. 한두 번도 아니고 한 달, 두 달, 1학기, 1년……, 진우의 이런 행동은 지속된다.

화가 나서 집에 돌아온 진우를 보고 부모가 화가 난 까닭을 묻는다. 진우는 자신의 입장에서 타인의 행동을 설명한다. 그러면 부모는 진우의 감정을 다독여 주고, 진우의 편이 되어 친구나 교사를 비난한다.

여기서 멈추지 않는 부모는 학교로 찾아온다. 요즘은 교육청이나 청와대에 민원을 넣는 일도 많다. 이때 아이가 배우지 못하는 것이 하나 있다. 무엇일까?

친구나 교사의 입장에서 생각해 보는 것이다. 수업을 시작하지 못하고 기다리는 교사와 친구들의 입장에서 생각해 보는 것이다.

하지만 그것보다 더 중요한 것은 이것이다. 친구들. 더 놀고 싶었지만 그 마음을 이겨내고 교실에 먼저 들어온 친구들의 태도가 성숙이다. 더 자고 싶지만 일어나 학교 갈 준비를 하는 것이 성숙이다. 진우가 배워야 하는 것은 성숙인 것이다.

"저희 아이가 좀 독특해서요."
부모의 말이다. 그건 특별함도 아니고, 독특함도 아니고, 그저 미성숙이 아닐까. 아이의 감정을 읽어 주는 것보다 중요한 것은, 아이에게 나이에 어울리는 성숙한 행동을 가르쳐 주는 것이니까.

미성숙과 특별함. 그 모호한 경계는 깊은 관심으로 오래 관찰한 교사와 부모가 마음을 터놓고 이야기하면 사라질 것이다.

일촉
즉발

○

어제 점심시간이었다. 대영이가 울면서 들어왔다. 손을 부르르 떤다. 고개를 들어 천장을 보고 한숨을 거칠게 내쉬며 주먹으로 책상을 쳤다. 눈은 온통 핏발이 서 있는 대영이. 화가, 아니 분노가 머리끝까지 치밀어 있다.

불러서 짧게 이야기를 듣고 점심 먹고 다시 이야기하자고 했다.

화가 난 대영이는 급식을 받지 않고 있다. 나둑여 급식을 받게 한 후 시선을 떼지 않았다.
대영이를 화나게 한 준영이도 급식을 받으며 입을 씰룩거렸다. 네 행동에 실망했다고, 속상하다고 한 내 말이 아이를 다시 흥분하게 했나 보다. 밥을 다 먹고 이야기하자고 했다.

대영이가 일어나 창문으로 갔다. 창문을 열고 위로 올라갔다. 대영이를 제지하고 진우와 이야기하며 밥을 먹게 했다.

화나게 한 준영이가 밥을 다 먹고 나왔다. 나는 아직 밥을 다 먹지 못했다. 천천히 밥을 먹으며 화가 난 대영이를 지켜보았고, 조금씩 웃으며 밥을 먹는 모습을 보자 안심이 되었다.

아이들이 급식 검사를 받으러 나왔다. 깨끗이 먹은 아이들과 눈을 맞추고 웃었다. 웃어야 한다.

화가 난 대영이를 지켜보며 양치를 했다. 양치를 마치고 화장실에 급히 다녀왔다. 교실로 들어오자 화나게 한 준영이가 울면서 사과를 하고 있었다. 아이들이 놀랐다. 세상에 울면서 사과를 하다니. 그만큼 화나게 한 준영이는 친구들에게 신뢰를 얻지 못했다.

연구실로 불렀다. 서로 화해했는지 물었다. 그리고 아까 행동을 지금 생각해 보면 어떤지 물었다. 자신들이 생각해도 바보 같다고 했다. 놀라운 발언이 이어졌다.

"이런 역경이 있어서 진정한 친구를 얻는 것 같아요."

교실은 늘 위기다. 위기의 순간에 교사가 있느냐 아니냐, 아니, 교사의 시선이 아이를 향해 있느냐 아니냐가 위기를 기회로 만드느냐 더 큰 사건의 원인으로 만드느냐를 결정한다.

몇 반을
맡을까요?

○

힘든 아이가 있다. 아니, 교사를 힘들게 하는 부모가 있다.
부모 때문에 학교 전체가 들썩거린 적이 한두 번이 아니다.
학교 민원의 대다수를 그분들이 만들어 낸다.

재은이는 자폐와 발달장애가 있는 것으로 추정된다. 추정.
그렇다. 부모가 제대로 된 진단을 받지 않고, 좋아질 거라는
희망에 매달려 있기 때문이다.

다른 아이들과 다르게 지도하지 말 것.
아이에게 맞는 개별 지도를 해 줄 것.

재은이의 부모가 요구한 건 이 두 가지다. 그러나 두 가지

요구는 서로 상반되어 있다.

담임교사는 어느 장단에 맞추어야 할지 몰라 애쓰다 병가를 냈다.

학년을 신청하는 시기가 왔다. 한 선생님이 급하게 찾아오셨다.
"몇 반을 맡아야 할까요?"
힘든 아이를 맡아 달라는 학교장의 부탁을 받은 것이다.

솔직히 자신이 없었다. 지금 맡고 있는 아이를 지도하는 것도 쉽지 않았기 때문이다.

아니, 지금 맡은 아이는 눈을 맞추고 대화가 된다. 하지만 이 아이는 그것이 어렵다. 아니, 지금 맡은 아이의 부모는 아이를 이해하기 위해 애쓴다. 하지만 이 아이의 부모는 아이는커녕 자신을 이해하려는 노력도 하지 않는다.

길은 어디에 있나. 누구에게 무엇을 부탁해야 할까. 이 부모가 세워 놓은 마음의 벽을 어떻게 넘을 수 있을까. 도대체 재은이의 부모는 어떤 벽을 세워 놓고 외로운 싸움을 하고 있는 것일까.

나아지기 어렵다는 것을 수용해야 한다. 재은이가 어떻게 하면 잘 적응할지를 찾아야 한다. 발달에 맞춰 어떻게 상호 작용해야 하는지, 재은이가 느끼는 어려움이 무엇인지 관찰하고 확인하고 반응해 주어야 한다.

여기에는 교사와 학부모의 협력과 이해가 필수다. 그래서 학부모와 함께 공부 모임도 진행할 생각이다.

재은이의 부모가 선뜻 오지 않을 것을 알고 있다. 다만 다른 학부모를 통해 이 자리가 가지는 힘을 알려 간다면. 그 진심이 학부모에게 전달된다면. 재은이에 대해 이해하려고 함께 노력하게 된다면 내 아이만이 아니라 남의 아이도 함께 성장하는 것이 중요하다는 것을 이해해 주실 것이다.

울었다

○

모든 아이들이 두려워하는 아이가 있다. ADHD에 틱까지
있는 정문이는 아침저녁으로 약을 먹는다. 약을 먹지 않고
서는 액팅 아웃을 멈출 수 없다고 했다. 아이들은 몰랐다.
말하지 않았기 때문이다.

미술 시간에 다른 사람들에게 보여 주고 싶은 내 모습과 감
추고 싶은 내 모습을 그려 보게 했다. 정문이는 알려 주고
싶은 모습, 감추고 싶은 자기 모습을 그렸다.

그림을 보고 잠시 할 말을 잃었다. 정문이는 친구들에게 알
려 주고 싶은 자기 모습 아래에 이렇게 썼다.

"아침 약을 먹으면 때리지 않아요."
"저녁 약을 먹으면 화를 참을 수 있어요."
"친구들을 때리지 않으려고 약을 먹어요."
"친구들에게 화를 내지 않으려고 약을 먹어요."

감추고 싶은 자기 모습에는 '폭력'이라고 썼다.

오후 내내 이어지던 학부모 상담에서 어떤 학부모님이 이 이야기를 꺼내셨다. 자기 아이가 정문이를 많이 두려워했는데, 그림을 보고 난 뒤에는 정문이에게 미안해졌다고 말하더란다. 정문이의 글과 그림을 보고는 돕고 싶다고 말하더란다. 어머니가 말씀을 꺼내시며 울컥 하셨고, 나 역시 갑자기 눈물이 났다.

고마웠다. 자기를 도와달라고 용기를 내 표현해 준 정문이가 고마웠고, 그 마음을 읽어 준 아이도 고마웠으며, 이야기를 전해 주신 어머니에게도 감사했다.

학교는 참 어렵다. 아이들 삶 하나하나가 전부 쉽지 않다. 공부도 삶도 외롭지 않아야 한다. 그래서 학교가 있고, 교사가 있고, 친구가 있다.

학교는 어떤 이유에서건 보호 요인*이다. 다시 일어설 곳. 손잡고 함께 일어서는 곳. 그곳이 학교여야 한다.

* 보호 요인 : 아이들의 문제행동을 일으키는 가정 학대나 방임, 폭력 같은 요소들을 위험 요인이라 한다. 문제행동이 일어날 가능성을 줄여 주고 막아 주는 요인을 보호 요인이라 한다. 위험 요인에 노출된 아이들이 도움을 받아 어려운 상황에 유연하게 적응해 나가는 것을 회복력, 탄력성, 적응 유연성이라 한다.

지각하는
아이

○

지각을 하는 아이가 있다. 해리다. 거의 날마다 지각을 한다. 아이들에게 아침마다 책을 읽어 주고 있는데, 책 읽는 중에 들어올 때가 많다.

흐름이 깨지지만, 아무 말 하지 않는다. 모두가 주의를 기울이며 이야기를 따라오다가 "드르륵" 소리에 시선을 돌리고, 지각한 아이는 불편한 시선을 감당하며 자리에 앉는다.

수업 종이 치고 나서 교실에 들어올 때도 있다. 미안함은 그때뿐. 다음 날도, 그 다음 날도. 늘 사정이 있다. 물론 나는 그 사정을 알고 있다.

어떻게 해야 할까? 교사가 할 수 있는 일은 불편한 마음을 아이가 느끼게 하는 것뿐이다. 누구나 사정은 있지만, 어려워도 약속을 지키는 것이 상대에 대한 예의라는 것을 계속 이야기한다.

알면 고쳐질까? 아니다. 운동하면 건강해진다는 걸 모르는 어른들이 있나? 없을 것이다. 아이도 그렇다. 알지만 쉽게 고쳐지지 않는다. 다만 시간이 걸린다.

얼마나 걸릴까? 모른다. 다만 믿고 기다리고, 알려 줄 뿐이다. 재촉한다고, 강요한다고 바뀌지 않는다. 알려 주고 기다리는 것은 교사의 역할이고, 마음으로 깨닫고 행동으로 실천하는 것은 학생의 몫이니까.

거짓말과
학교

○

아이가 거짓말을 한다고 걱정하는 부모님들이 있다. 아이만
거짓말을 할까? 아니다. 어른도 거짓말을 한다. 도대체 왜
거짓말을 할까? 거짓말을 어떻게 지도해야 할까?

"제가 안 그랬어요."
"숙제를 했는데 안 가져왔어요."
"제가 안 때렸어요."
"제가 놀리지 않았어요."
"제가 밀지 않았어요."
"저 새치기 안 했어요."

안 그랬구나. 내일 가져오렴. 정말이지? 안 때렸지? 설마 새

치기를?

그렇게 말하지만 속으로는 다른 마음을 갖고 있다. '네가 그랬다는 걸 알아. 숙제 안 한 거 알아. 네가 때린 거 알아. 네가 놀린 거 알아. 네가 민 거 알아. 네가 새치기한 거 알아.'

아이가 거짓말을 할 때 두 가지를 생각하게 된다.

먼저, 아이가 무엇이 옳은지는 알고 있구나, 정말 다행이다, 하는 생각.

두 번째, 아이가 나한테 좋은 사람으로 보이고 싶구나, 하는 생각.

그러니 아이는 비난받기보다 자신의 실수를 인정하고, 더 나은 행동을 할 기회를 얻어야 한다. 아이 스스로 잘못을 인정하면 어떻게 행동해야 하는지 되묻는다. 그리고 아이가 말한 대로 실천하도록 부탁한다.

아이나 어른이나 거짓말을 할 수는 있다. 다만 거짓을 인정하지 않는 태도가 문제다. 어른들의 거짓말도 거짓을 인정하지 않아서 생기는 문제가 더 크다.

아이들은 미성숙하다. 실수 연발이고, 실패를 밥 먹듯이 한다.

학교라는 곳, 교실이라는 공간이 힘을 발휘할 순간은 바로 이때다.

비슷한 또래들이 모여 서로의 실수를 용서하고, 다시 일어설 기회를 주는 곳. 교사라는 성숙한 어른이 미성숙한 아이들의 실수를 수용하고, 더 나은 행동을 보여 주며 다시 해 보도록 기회를 주는 곳.

만약 학교가 아니라면 빈부의 차이를 넘어선 계층이 한데 모여 서로의 삶을 이해하고, 응원할 기회를 어디에서 얻겠는가? 거짓을 인정하고 더 성숙한 삶을 살아갈 기회를 어디에서 얻겠는가?

이유를 모르는 아이,
까닭을 설명하는 교사

○

익숙하지 않은 과제가 주어지면 극도로 회피하는 아이. 바로 민선이다. 고개를 숙인 채 구석으로만 숨어들었다.

"어떻게 하는지 모르겠어요."

"저, 못 해요."

이 말만 반복했다.

그러던 민선이가 드디어 오늘, 반 아이들과 그동안 공부한 것들로 작은 축제를 열었는데, 4분이나 되는 긴 노래를 완창해 냈다.

축제를 끝내고도 시간이 조금 남아 절대음감 놀이*를 설명하고, 모둠 별로 경기를 하기로 했다. 민선이가 앞으로 나왔다.

"모르겠어요."

모둠 친구가 옆으로 다가와 "내가 설명해 줄게." 하자, 눈을 피하고 고개를 돌리며 "아, 몰라. 나 못 해." 하더니 자리로 돌아가 책상에 엎드렸다.

악기 연주도, 가창도 멋지게 해낸 민선이가 절대음감 정도를 이해하지 못하다니. 아니, 못 한다고 말하다니. 이해하기 어려웠다. 그래도 억지로 시키지는 않았다.

게임이 끝나고 점심시간. 민선이는 밥을 먹지 않겠다고 했다. 정말 먹지 않겠냐고 물었다. 안 먹는다고 했다. 그럼, 먹지 말라고 했다. 민선이는 울었다.

다른 친구에게 부탁해 식판에 밥을 받아다 주었다. 민선이는 끝내 먹지 않았다. 다음은 과학 시간. 과학실로 이동해야 한다. 아이들을 인솔하기 위해 복도로 나갔고, 아이들은 하나둘 과학책과 준비물을 챙기고 복도로 나왔다.

민선이는 자리에 앉아 움직이지 않았다. 과학실로 갈지 안

---

* 절대음감 놀이 : 네 글자 낱말을 한 글자씩 순서에 따라 음을 높여 말하는 놀이.

갈지 물었다. 대답이 없다. 가기 싫으면 교실에 있으라고 했다. 민선이는 울면서 책을 꺼내기 시작했다.

다시 물었다. 과학실에 갈 거냐고. 대답하지 않는다. 교실에 있으라고 했다. 다시 울기 시작했다. 놔두고 아이들을 인솔해 과학실로 갔다.

과학 선생님께 사정을 이야기하고 교실로 돌아왔다. 민선이를 불렀다. 왜 새로운 활동을 회피하는지 살펴야 했다.

민선이는 말로 설명하지 못한다. 왜 그럴까? 왜 못 한다고, 왜 모르겠다는 말만 반복하는지 설명하지 못했다. 그래서 내가 생각한 가설을 하나씩 묻기 시작했다.

그제야 알 수 있었다. 두려움. 다른 아이들보다 발달이 조금 늦은 자신의 능력. 그 부족함이 비난 받는 것에 대한 두려움. 공포는 아이를 얼어붙게 했고, 과제를 회피하도록 만들었다. 이야기를 계속하면서 민선이의 표정이 바뀌고, 눈물도 그쳤다.

누구나, 모든 것을 잘할 수는 없다고 말했다. 5학년 아이들 중에 연주와 노래를 혼자서 해낸 사람은 너뿐이라고 말해 주었다. 그러면서 훌라후프를 돌리자마자 바닥에 떨어트리던 내 아들이 포기하지 않고 열심히 노력해 이제는 걸으면서도 훌라후프를 돌릴 수 있게 되었다는 이야기를 들려주었다. 아이들이 네 능력이 모자라다고 놀리는 건, 놀리는 아이들 마음에 사람을 무시하고 낮춰 보는 잘못된 마음이 깃들어서 그런 거라고 말했다. 네 잘못이 아니라고 말해 주었다.

친구의 생각이 잘못되었음을 노력을 통해 증명하자고 이야기했다. 모르면 알고 싶다고, 못 하면 노력하겠다고 말해 보자고 했다. 마음속에 세운 '못 한다' 벽과 '모르겠다' 벽을 같이 넘자고 했다.

민선이는 스스로 화장실에 가서 눈물을 닦고, 과학책과 준비물을 챙겨 과학실로 갔다.

교실이 고요해지자 갑자기 힘이 쭈욱 빠졌다. 그리고 생각했다. 교사인 나는 아이 스스로 자기 행동의 이유를 당연히 알 거라는 착각에 빠져 있었다. 12월이 눈앞인데 이제야 알게 된 것이다. 민선이가 그렇게 행동한 까닭을 이제라도 알았으니 다행이라 해야 할까.

아직도 나만의 착각으로 아이를 오해하고 있지는 않은지
반성하게 되었다. 끝없이 배워야 하는 이유다.

쟤가 저보고
극혐이래요

○

오늘도 어김없이 타인을 혐오하는 말이 오간다. 이런 말을
들은 가연이는 울고, 그런 말을 썼다고 지적 받은 정호는 화
를 낸다.

왜 화를 낼까? 교사가 자신의 잘못을 꼬집어 말했기 때문이
다. 누구나 다른 사람에게 좋은 사람으로 보이고 싶어한다.
자신이 한 말이나 행동 따위와 상관없다.

"쟤가 먼저 그랬어요." 따위의 책임 떠넘기기나 "저 안 그랬
어요." 따위의 말로 자기 행동을 부인하는 것도 좋은 모습으
로 비춰지길 바라는 무의식적 행동이다.

하지만 정호가 모르는 것이 있다. 진짜 자신은 교사나 부모가 없을 때 하는 말과 행동으로 결정된다는 것을.

말이란 마음을 울려서 나오는 소리라고 한다. 기억하자.
"그 모자 쓰니까 너 완전 극혐이야."
정호의 눈에는 친구가 극도로 혐오스러운 존재로 보인다는 뜻이다. 물론 "극도로 혐오스럽다"는 말의 뜻을 정호가 이해하고 표현한 것은 아니다. 보기에 좋지 않다는 말을 과장되게 사용했을 뿐이다.

타인을 바라보는 비뚤어진 시선. 그 시선에서 나온 말과 행동. 그 표현이 정호의 인격을 낮추고 있다. 이 벽은 정호 내면에 있다. 하지만 벽은 이것만이 아니다.

타인을 폄훼하고 혐오하는 표현을 즐겨 사용하는 정호. 정호를 바라보는 다른 교사와 친구들의 시선은 어떨까? '재는 안 돼', '그럴 줄 알았어'라는 생각.

그 생각, 그 마음의 벽이 드러나는 순가이 있다. 언제일까? 학급에 문제 상황이 발생하고, 원인을 제공한 사람을 알 수 없을 때. 교사와 아이들은 평소에 혐오 표현을 즐겨 쓰던 정호를 지목하게 된다.

양치기 소년이 된 셈이다. 자신이 한 일이 아님에도 과거의 잘못으로 현재의 내가 의심을 받게 되는 상황. 사실이 밝혀지고, 억울함을 벗지만 여운은 남는다. 모두에게 의심받았다는 사실은 기억되기 때문이다.

타인을 미워하고, 혐오하는 정호. 정호의 마음에는 늘 불안이 깊게 자리하기 마련이다. 좋은 사람으로 비춰지고 싶지만, 타인을 바라보는 비뚤어진 시선이 드러나는 말과 행동을 하게 되는 아이. 그 불일치를 잡아 주려면 어떻게 해야 할까?

피그말리온 효과*를 이야기하기에 딱 좋은 지점이 여기다. 좋은 사람이 되고 싶다는 마음을 읽어 주고, 더 성숙한 말과 행동을 표현하도록 가르쳐 주고, 기회를 준다면 사람들의 기대와 현실 사이에서 불안해하던 정호의 벽을 없앨 수 있을 것이다.

＊ 피그말리온 효과Pygmalion effect : 사람들이 타인의 기대에 부응하는 쪽으로 변하려고 노력하다 보면 실제로 그렇게 되는 현상을 일컫는 심리학 용어. 로젠탈 효과, 자성적 예언이라고도 한다. 그리스신화에 나오는 조각가 피그말리온은 자신이 만든 아름다운 여인의 조각상을 진심으로 사랑하게 되고, 이에 감동한 아프로디테가 조각상에 생명을 불어넣어 준다. 타인의 기대나 관심 덕분에 좋은 결과가 나올 때, 이를 '피그말리온 효과'라 부르게 되었다.

제 성 정체성을
존중해 주세요

○

수연이가 면담 시작부터 내게 이렇게 말했다.
"제 성 정체성을 존중해 주세요."
나는 당황했다. 그렇지. 존중해야지. 내가 교사로서 걱정하
는 것은 너니까.

우연이었다. 수연이의 사생활을 알게 된 것은. 수연이는 BL*
을 통해 성에 대한 호기심을 키워 갔고, 사진과 동영상으로
관심을 넓혀 갔다.

* Boys love의 약자로, 남성끼리의 연애를 그린 만화, 소설, 게임 등의 장르
중 하나.

수연이는 처음 친척 언니를 통해 BL 소설을 알게 되었다. 동영상도 언니를 통해 보게 됐다고 했다. 소설 속에 담긴 다양한 내용을 통해 다른 사진도 찾아보게 되었는데, 아이가 가진 BL 소설 파일들은 제목만으로도 엄청났다.

수연이는 점점 더 강한 자극을 찾고 있었다. 그리고 계속 찾고 있었다. 이 두 가지로 미루어 볼 때 중독이 아닌가 의심되었다. 수연이를 통해 알게 된 BL 소설을 읽은 뒤에는 수연이가 왜곡된 성 관념을 가질까 봐 더욱 걱정되었다.

수연이와 두 가지를 약속했다.

첫째, 서로 허락하지 않는 스킨십은 사랑이 아니라 폭력이다. 따라서 상대의 강요를 절대 받아들여서는 안 된다.
둘째, 사랑이라면 사랑이 시작된 후 성장해야 한다. 자기 삶에 충실해야 하고, 가까운 이들을 더 소중히 여겨야 한다. 자신이 해야 할 일과 자신과 가까운 이들을 잃어버리게 하는 사랑은 사랑이 아니라 집착이라고.

더불어 건강하게 사랑하는 법을 배우려면 지금 네가 깊이 빠져 있는 사진과 영상에서 멀어져야 한다고.

약속을 지키는지, 안 지키는지 확인할 길은 없었다. 가끔 수
연이에게 물어서 확인해 보는 방법 말고는 내가 할 수 있는
일은 없었으니까.

내가 가르친 아이들이 어느새 성인이 되었고, 결혼을 했고,
아이를 낳아 부모가 되었다. 이성과 헤어지기도 하고, 새로
만나기 시작한 아이도 있다.

어떤 아이가 어떤 성 정체성을 갖고 살아갈지 나는 잘 모른
다. 다만 한 가지. 아이가 사랑을 통해 성장했으면 좋겠다.
사랑을 통해 행복했으면 좋겠다.

어떻게 하면 행복한 사랑, 서로 성장하는 사랑을 하게 할 것
인가.

아이들에게 하는 내 사랑 교육의 핵심은 이것이다.

학원 시간보다
중요한 생활지도

○

하교 준비 시간. 갑자기 가연이가 울기 시작했다. 그 순간, 옆에 있던 진우는 깔깔깔 소리 내어 웃기 시작했다. 직감했다. 놀렸구나. 내가 정색을 해도 진우는 웃음을 멈추지 못했다.

가연이에게 왜 우는지 물었다. 가연이는 바닥에 떨어진 물건을 주우려다 의자 등받이에 턱을 부딪쳤다고 울면서 대답했다.

"＊덕 같아."

진우가 했던 말. 가연이가 울고 있음에도 진우는 계속 웃었다. 가연이의 턱이 의자 등받이에 부딪히는 걸 보고 턱 긴 유투버 생각이 나서 그랬단다.

진우에게 물었다.

"장애의 뜻이 무엇이지?"
"사람이 사람을 거리끼는 행위요."
"선생님이 언제 야단친다고 했지?"
"비도덕적인 행위를 했을 때요."
"지금 너는 어떤 행동을 하고 있니?"
"비도덕적인 행동이요."

그렇게 이야기를 주고받는 동안에도 진우의 웃음기는 사라지지 않았다. 나 역시 노기를 없애기 어려웠다.

하교 시간이 한참 지나고서야 아이들은 실내화 주머니를 챙겨 들 수 있었다. 다른 아이가 진우에게 미안하지 않느냐고 물었다. 그러자 진우가 대답했다. 미안하다고. 너희들 모두가 나 때문에 학원 시간이 늦어서.

보낼 수 없었다. 아이들을 보내고 진우를 남겼다. 심호흡을 했다. 후우. 후우.

왜 남으라고 했을까?

제가 웃어서요.

왜 웃었니?

가연이 턱이 의자에 부딪치는 게 꼭 '＊덕' 같아서요.

가연이가 의자에 턱이 부딪쳐서 아픈데, 너는 턱이 길다고 놀린 거네?

그렇죠.

그런데 계속 웃었어?

웃기니까요.

가연이한테 안 미안해?

네. 반 애들한테 미안한데요. 저 때문에 다들 학원 시간 늦었잖아요.

학원 시간 늦은 건 선생님이 미안해 할 일인데.

저 때문에 선생님이 야단치셨잖아요.

학원 시간보다 중요한 게 있었거든.

뭐요?

피해자의 고통. 1학기 때 하지 말라는데 ＊＊이가 간지럼 태운다고 힘들다고 했지?

네.

너의 고통을 다른 친구들이 알아주었니?

아뇨.

그래. 그래서 다른 친구들에게 알려 주려고. 다친 아이에게 어떻게 해야 하는지를.

가연이 개도 저한테…….

아니, 핑계대지 마. 그 친구랑 너를 비교하지 마. 1학기 때의 너와 지금의 너를 비교해야지. 그때보다 지금 네가 얼마나 성장했는가를 봐야지.

1학기 때 키가 148이었고, 지금은 150이 넘는데요.

네 키 말고, 네 마음. 네 인격 말이야. 네 키는 가만히 있어도 크지만 네 인격은 네가 노력하지 않으면 조금도 크지 않아. 나이 값 못하는 어른들 많지?

네.

눈에 보이는 키나 성적을 높이는 데 애를 쓰는 사람은 많아도 자신의 인격이나 마음이 자라는 데 애를 쓰는 사람은 드물거든. 나는 네가 마음이 자라는 데 애를 쓰는 사람이기를 바래.

학원 시간에 맞춰 하교시켜 달라는 학부모들이 많다. 그분들에게 묻고 싶다. 학원에서 배우는 것보다 중요한 것을 놓치고 있는 것은 아닌지.

다른 사람에게 영향을 미치는
유일한 방법

○

법무부에서 학교폭력 예방 교육을 나왔다. 예방 교육이 끝
나고 쉬는 시간이 되자 진우가 앞으로 나왔다.

"선생님, 저 신고하고 싶어요."
"응? 왜? 무슨 일 있어?"
"아까 수업 듣고 생각한 건데요. 이건 정말 신고해야겠다고
생각해서요. 2학년 때부터 4학년 때까지 준영이에게 괴롭
힘 당한 걸 생각하니 제가 너무 바보같이 느껴져서요."
"그래? 그럼 다음 시간에 그 이야기를 나눠 보자."

쉬는 시간이 끝나고, 아이들에게 각자의 작가 노트*를 꺼내
도록 했다.

"자, 이제 이야기해 볼까?"

"저 아까 학교폭력 예방 교육을 듣고 생각했는데요. 이건 정말 신고하고 싶어요. 준영이가 저를 간지럼 태웠어요. 제가 싫다고 했는데도 계속했어요. 선생님께 말씀드렸는데 선생님은 그냥 알았다고만 하시고. 준영이는 1층까지 쫓아와서 계속 간지럼을 태우는 거예요. 그것만이 아니에요."

나는 물었다.

"요즘은 어때?"

"요즘은 안 그래요."

"그럼, 노력하고 있다는 거네?"

"그래도 못 참겠어요."

"그래, 알았어. 잠깐."

진우가 가슴에 안고 있는 고통이 커 보였다. 그런데 이 아이뿐만이 아니다. 우리 반 대부분의 아이들이 준영이에게 받은 상처가 있다.

＊ 작가 노트 : 10분 동안 한 가지 주제와 관련하여 자신의 생각을 자유롭게 쓰는 활동. 맞춤법, 띄어쓰기, 글씨체에 주목하지 않고, 글로 표현하는 것의 즐거움을 느끼게 하기 위해 하는 활동.

"오늘 아침에 준영이가 제일 먼저 왔어. 조용히 자리에 앉아서 책을 읽더라. 한 권, 두 권, 세 권… 친구들이 올 때까지 앉아서 기다리더라. 그런데 아까는 친구들 귀찮게 장난을 쳤지. 싫다고 했는데도 장난을 쳐서 선생님께 야단을 맞았지. 우리는 무엇만 기억할까?"

"장난친 것만요."

"작년, 재작년 너희들이 준영이와 매일, 하루 종일 싸우기만 했니? 아니면 즐겁게 지낸 적도 있니?"

"즐겁게 지낸 적도 있어요."

"그래. 사람은 자신에게 잘 대해 준 것은 잘 기억하지 못해. 잘해 주는 건 당연하니까. 그런데 함부로 대한 것은 잘 기억해. 사람을 함부로 대하면 안 되니까. 그런 사람과 가까이 지내지 않으려고 기억하는 거야."

사람은 그렇다. 누구나 타인의 실수, 잘못은 쉽게 기억을 떠올리지만 잘한 점, 칭찬할 일은 잘 기억하지 못한다.

잘한 점을 눈여겨보고, 이를 칭찬하는 일은 의식하지 않으면 하기 어렵다. 하지만 못한 점은 아무런 노력을 기울이지 않아도 눈에 띄고, 이를 비난하는 일은 의식하지 않아도 하게 된다.

교사인 나도 어려운데, 하물며 아이들은 오죽할까?

그래서 아이들에게 부탁했다.

"준영이가 노력하고 있어. 우리도 얼마나 바뀌기 어렵니. 임원들 어때? 선생님과 약속한 대로 열심히 잘하고 있니? 다른 친구들은 너희들의 다짐 잘 실천하고 있어? 잘 돼? 어렵지? 당연히 어려워. 너희들이 그렇게 어려워하는데, 준영이는 어떨까?"
"더 힘들어요."
"그래. 준영이는 더 힘들지 몰라. 그래서 믿어 주어야 한다고 생각해. 선생님 혼자 믿어 준다고 바뀔까?"
"아니요."
"우리 모두가 믿어 주어야 해. 실수해도 다음에는 더 잘할 수 있도록 너희가 보여 줘. 그리고 믿어 줘. 우리 그저께 글똥누기*에 쓴 거 기억나니? 알베르트 슈바이처가 했던 말."

모범을 보이는 것은 다른 사람에게 영향을 미치는 가장 좋은 방법이 아니다. 유일한 방법이다.

"너희가 준영이에게 더 나은 방법을 일러 주었으면 좋겠어.

* 글똥누기 : 매일 훌륭한 사람들이 한 말을 쓰고, 이에 대해 자신의 생각을 세 줄 이상 글로 쓰는 활동.

보여 주었으면 좋겠어. 선생님 혼자서 하기에는 너무 벅차. 우리 반 모두가 도와주었으면 좋겠어."

"아니요. 저는 못 하겠어요."

아직 진우가 세워 놓은 마음의 벽을 넘어서지 못했다.

지구상에서
가장 따뜻한 5학년

○

"선생님. 우리 이제 사과하기* 해요."

준영이였다. 준영이에게 막 기회를 주었는데, 마침 수업 종
이 쳤다. 아이들을 집에 보내야 했다.

"우리 내일 하자."

"내일 국어 안 들었는데요?"

"그럼, 월요일에 할까?"

"그때까지 어떻게 기다려요."

---

* 사과하기 : 사과하고 싶거나 받고 싶은 일을 이야기한 후, 사과를 하고 싶
은 사람은 사과를 받을 사람을 찾아가 사과를 하고 같은 잘못을 다시 하지 않
도록 약속하는 일.

진단 평가에 도달하지 못한 아이들 3R'S 시험*도 봐야 하고, 진현이와 면담도 해야 했다. 마음이 급해졌다.

> 행복한 하굣길을 위해
> 나는 부모님을 행복하게 만들겠습니다.
> 나는 가장 건강해지겠습니다.
> 나는 소리 내 웃겠습니다. 하! 하! 하!

하교할 때마다 아이들이 외치는 문장이다. 준영이가 악을 악을 쓰며 외쳐대었다. 마음이 아팠다. 그래도 그냥 두었다.

오늘 면담하기로 한 진현이가 다음 주 목요일에 하자고 했다. 때마침 면담을 하고 싶다는 아이들이 손을 들었고, 신고하려던 진우도 손을 들었다. 신고하려는 진우와 면담을 하기로 했다.

아이들 시험이 끝나기를 기다리면서, 진우와 어떻게 이야기할지 생각했다. 셈하기 시험지, 읽기 시험지, 쓰기 시험지를 채점하면서 시계를 보았다.

* 3R'S 시험 : 읽기, 쓰기, 셈하기 영역의 기초학습부진 판별 시험.

시험 끝나기 전에 이야기하는 게 좋을 것 같아서 진우와 연구실로 향했다. 소파에 마주 앉았다. 10초, 20초 침묵이 흘렀다. 진우의 눈에는 분노가 넘쳐흘렀다. 절대로 눈을 피하지 않았다. 힘들구나. 얼마나 힘들까. 그래서 물었다.

화 많이 난 것 같아. 그래서 힘들 것 같아.

그래요, 선생님. 그래도 애들한테 밝게 보이려고 노력하고 있어요.

그래. 그래서 더 힘들 것 같아. 네가 오랫동안 괴롭힘을 당했으니까. 선생님도 오랫동안 괴롭힘 당해 봐서 알아.

언제요?

군대 있을 때. 선생님은 대학 3학년 때 군대에 갔거든. 선생님보다 먼저 군대에 온 사람들이 선생님보다 어렸어. 선생님보다 어린 사람들에게 존댓말을 써야 하고, 그 사람들이 시키는 대로 해야 했지. 그런데 그것보다 더 힘든 일이 있었어.

폭력이요?

그래. 매일 그랬지. 아침, 점심, 저녁, 하루, 이틀, 한 달, 두 날… 끝이 없었어. 밤 열 시에 자려고 누우면 열두 시까지 옆에 누워서 욕하고 때리고 발로 찼어. 너라면 어떻게 하고 싶었겠니?

똑같이 하고 싶었겠죠.

그래. 하지만 군대에서 똑같이 했다가는 선생님만 처벌받아서 그럴 수 없었어. 5분 대기라는 것이 있어. 사이렌이 울리면 5분 안에 출동을 해야 해. 그래서 총에 대검을 꽂아 두고 출동을 하지. 하루는 밤에 부대를 지키려고 보초를 서고 들어왔는데, 불침번이 없었어. 다들 잠들어 있는데, 노란 취침 등 아래 그 고참 얼굴이 딱 보이는 거야. 내 손에는 칼과 총이 있고.

어떻게 했어요?

참았지. 어쩔 수 없었어. 그걸로 사람을 해쳐서는 안 되니까.

그래서요?

너무 답답해서 어머니와 선생님 신앙의 선배들에게 편지를 썼어. 그리고 놀라운 답장을 받았단다.

어떤 답장이요?

사람으로 태어나 고작 하는 말이나 행동이 남을 괴롭히고 때리는 일이라면 불쌍하지 않느냐고. 그 불쌍한 사람을 위해 기원해 주라고. 먼저 다가가 인사하고, 무엇이 생기면 먼저 챙겨 주라고.

편지를 읽고 나도 모르게 고개가 끄덕여졌다. 하지만 쉽지 않았다. 어려웠다. 저 멀리 선임병의 모습이 보이거나 목소리만 들려도 내 두 주먹이 꽉 쥐어질 정도로 나는 분노로 가득 차 있었으니까.

매일, 하루 종일 기원했다. 반드시 저 선임병을 바꾸겠다고. 그리고 먼저 다가가 인사를 했다. 먹을 것이 생기면 같이 먹자고 했다. 다들 미쳤다고 했다. 하지만 그것이 당시 내가 할 수 있는 최선이었다.

하루, 이틀, 사흘, 한 달, 두 달, 석 달… 어느 날부터 그는 나를 부르지 않았다. 하지만 불안하기는 마찬가지였다.

어느 날 저녁, 정비 시간이었다. 선임병이 내무반에 있던 나를 뒷편 정비실로 불렀다. 비닐하우스로 된 정비실에 혼자 앉아 있었다. 내가 들어가자 갑자기 울기 시작했다. 당황스러웠다. 도대체 왜 우는 걸까? 선임병은 울면서 미안하다고 했다. 그리고 할머니와 형, 셋이 살아온 이야기를 털어놓기 시작했다.

그날 이후로 나는 작은 깨달음을 얻었다. 사람의 행동만 보고 판단해서는 안 된다는 것을. 내가 알고 있는 것이 전부가 아닐 수 있다는 것을.

준영이도 그렇더라고. 우리가 알지 못하는 아픔이 많았어. 선생님이 일일이 다 말해 줄 수는 없지만. 가장 가까운 사람에게 오랫동안 고통 받아 왔어.

알아요. 준영이 형이 작년에 6학년 교실에서 4학년 교실까

지 내려와서 준영이를 때리고 욕했어요. 운동장 미끄럼틀
뒤에서 준영이를 때린 적도 있어요.

다른 사람이 보는 앞에서 가족한테 맞았으니 얼마나 속상
했을까.

그리고 지금 생각났는데요. 준영이가 3학년 때 피아노랑 태
권도를 잠깐 같이 다녔거든요. 근데 한 번도 준영이 엄마가
오시지 않았어요. 맨날 아빠가 오셨어요. 그리고 학교에서
선생님이랑 준영이 엄마가 상담하는 걸 들었는데요. 준영
이를 막 함부로 말했어요. 친엄마 아닌 줄 알았어요.

그래, 맞아. 엄마가 오래전부터 준영이를 그렇게 대했더라
고. 그래서 준영이가 친구들을 따뜻하게 대하는 것이 어려
운 것 같아. 가장 가까운 가족들도 함부로 대했으니까.

어느 순간부터 진우가 소파 끝에 허리를 세우고 앉아 있었다.

선생님 꿈이 뭐였지?

저희가 선생님보다 훌륭해지는 거요.

아니. 너희처럼 어린 아이들이 어디를 가건, 언제 나가건 안
심할 수 있는 세상을 만드는 거야. 그런 세상을 만들려면
너희가 나보다 훌륭해져야지.

선생님은 너그러우신 것 같아요. 준영이한테 뒤에 나가서
손들라고 하지도 않고, 등짝을 때리지도 않고, 준영이를 믿

어 주려고 하시잖아요.

지금 실수하는 것은 괜찮아. 너랑 내가 준영이가 더 나아질 거라고 믿어 주고, 친하게 지내는 법을 가르쳐 주면 되니까. 그런데 성인이 되면 지금처럼 할 수 없어. 여기는 학교니까, 너희가 어리니까 실수해도 이렇게 도와줄 수 있다고 생각해.

맞아요. 그런데 어려워요.

어렵지. 그래서 해 보자는 거야. 네 덕분에 준영이가 바뀌었다고. 준영이가 너처럼 살고 싶다고. 그런 이야기를 들어 보자는 거야. 선생님은 우리가 노력해서 지구에서 가장 따뜻한 5학년을 만들고 싶어.

네. 선생님.

잘 부탁해. 선생님도 노력할게.

집이
가장 불안한 아이

○

눈병에 감기였지만 아이들 가까이만 안 가면 될 거라고 생각해서 출근을 했다. 그래도 찜찜해서 보건 선생님께 병명을 알려 드리자 빨리 병가를 내라고 하셨다.

아이들이 등교하고 준영이가 와서 인사를 했다. 목에 길게, 손톱으로 긁은 것 같은 상처가 보였다.

"목에 난 상처는 왜 그런 거야?"
"형이 졸랐어요."
"응? 왜?"
"그냥요."

그러고는 친구들한테 가 버렸다. 불안했다. 더 이야기해 봐야 하는데. 병가 끝나고 이야기해야지 싶었다.
오후에 다른 아이에게 전화가 왔다.
준영이가 간지럼 태우지 말라고 말했는데 계속 태워서 피하다가 칠판에 옆구리를 부딪쳤다고 했다. 그런데 사과도 하지 않고 핑계만 댄다는 것이다.

사람은 쉽게 변하지 않는다. 아무리 학교에서 배워 가도 집에서 겪는 일들이 그대로면 소용이 없다. 준영이 형을 변하게 해야 한다. 어떻게 해야 할까?

하루는 일찍 학교에 온 준영이가 인사를 하기에 보니, 눈썹이 반쯤 밀려 있었다. 준영이에게 물었다.

"눈썹을 일부러 깎은 거니?"
"네? 눈썹이요?"
"네 눈썹이 반쪽이야. 지금."

준영이는 화장실에 다녀오더니 웃으며 말했다.*

"형이 그랬나 봐요."

아이에게 말했다.

"웃으며 말할 이야기가 아닌 것 같아. 선생님이라면 정말 화가 날 것 같은데. 네 허락도 없이 네 눈썹을 위험한 칼로 밀었잖아. 너를 얼마나 함부로 생각하면 이럴까? 형에게 가서 분명히 말해. 형이 나를 함부로 대해서 화가 난다고. 그게 형을 진짜로 위한 거야. 타인을 존중하는 법을 배워야 하니까."

준영이는 형에게 맞아 팔이 멍들었던 적도 있다. 주말에는 가끔 전화해서 내 안부도 묻는다. 심심해서 전화했단다. 매일 마주하는 형에게 맞을까 봐 불안해하는 아이. 형이 한 일이라 화를 내지 못하는 아이. 준영이가 건강하게 홀로 살아갈 힘을 어떻게 길러 주어야 할까?

＊ 불안장애를 가진 개인은 문제 정서를 다루기 위해 억압, 억제, 부정감정 회피 등의 부적응적 전략을 더 많이 사용한다. 그리고 정서 통제에 대해 더 낮은 자기 효능감을 보인다(Suveg & Zeman, 2004; Werner et al., 2011). 엄마에게 남의 아이처럼 취급당했던 준영이가 스스로를 보호하기 위해 선택한 방식이 아닐까 싶었다.

친구와 사귀는 법을
배우는 곳, 학교

○

아이들이 학교에 오면 스스로 읽는 세 가지 문장이 있다.

나는 모든 일에 노력의 1등이 되겠습니다.
나는 모든 친구를 사랑하겠습니다.
나는 소리 내 웃겠습니다. 하! 하! 하!

과연 가능할까? 모든 일에 노력을 다하는 일이. 모든 친구를 사랑하는 일이 가능할까? 불가능할 것이다.

나도 안다. 하지만 나는 언제나 어렵고 힘든 것만 하자고 한다. 쉽고 편한 것은 나와 아이들이 가진 가능성을 끌어내기 어려우니까.

아이들이 날마다 자신의 가능성을 확인하려 애쓰겠다고 다
짐하기를 바랐다. 모든 친구를 사랑할 수 있는 인격을 닦기
를 바랐다.

'학교學校'라는 글자 그대로, 자연에서 친구와 사귀는 법을
배우는 곳이 되기를 바랐다.

사람과 사람 사이를 가로막고(障), 자기 성장에 도움이 되는
일을 거리끼는(碍) '장애'를 찾아 극복하기를 바랐다.

그 장애를 찾아 극복하는 일을 평생 이어 가는 것이 자기 성
찰이며, 사람답게 사는 유일한 방법이라 생각하기 때문이다.

마음의
부자 근성

○

다른 반 친구가 우리 반 진원이에게 먹을 걸 사 달라고 했다. 진원이는 돈이 없다고 했다. 그러자 다른 반 유리가 진원이에게 그랬단다.

"거지새끼."

진원이는 싸웠다. 참을 수 없었을 거다. 다행히 옆에 있던 우리 반 명수가 말렸다. 문제는 다음이다. 똑같은 일이 벌어졌을 때 어떻게 대응해야 하는가. 어떻게 해야 더 성숙한 태도로 대응할 수 있을까?

인물의 말과 행동을 보고 그 인물의 성격을 알 수 있다.

국어과 학습 문제 중 하나다. 사람은 자신이 살아온 방식으로 타인을 평가한다. 따라서 돈이 없는 사람에게 '거지새끼'라는 판단을 내린 자체가 그 사람의 인격을 드러낸다고 볼수 있다.

돈이 없다고 타인을 '거지새끼'라고 부르는 것은, 돈으로 타인의 인격을 가늠하는 미성숙한 태도다. 어른도 크게 다르지 않다.
돈이 많고, 부유한 사람에게는 굽실거리고, 돈이 없고 가난한 사람에게는 허리를 꼿꼿이 세우는 어른들도 많기 때문이다.

사람으로 태어나 지금 옆에 있는 이에게 도움을 주지는 못할망정 남을 비난하고 욕하고 때린다면 얼마나 비인간적이고 미성숙한 모습인가.

따라서 돈으로 사람을 평가하는 이를 측은하게 여기라고 가르쳤다. 돈으로 살 수 없는 것을 많이 가진 진짜 부자가 되어야 한다고 가르쳤다.

매일 조금씩 책을 읽고, 매일 조금씩 운동을 하고, 매일 조금씩 남을 도와주는 삶을 사는 것은 자신을 끊임없이 성장하게 하고, 나날이 훌륭해지는 삶을 만든다.

그 훌륭한 삶으로 '거지새끼'라고 말한 사람의 '거지 근성'
을 일깨워 주자고 말했다.

우리 반 아이들 모두 '마음의 부자 근성'을 길렀으면 좋겠다.

학교에는 돈보다
교사가 필요하다

○

정문이가 네오디뮴 자석 하나를 입 안에 넣고, 나머지 자석을 볼 위에 올려놓은 후 빙빙 돌렸다. 내 책상 위에 있던 자석이었다.

위험하니 달라고 했다. 정문이는 눈만 껌벅껌벅거릴 뿐 줄 생각이 없다. 다가가 볼에 붙은 자석을 떼어 냈다. 정문이는 입을 꼭 다물었다. 다급해졌다. 강제로 입을 벌려 자석을 꺼내려고 했고 정문이는 자석을 더 깊숙이 감추었다.

삼킨 것 같았다. 나는 정문이에게 일어나 병원에 가자고 했고, 정문이는 입을 열어 자석을 보여 주었다. 자석을 꺼냈다. 설마 자석을 입에 넣을 줄이야…….

방과 후에 교실로 전화가 왔다. 준영이가 중간놀이 시간에 4학년 후배들 줄넘기를 방해했다고 항의하는 학부모의 전화였다. 5학년씩이나 되어서 후배들을 함부로 대하면 어떻게 하느냐고 따지셨다. 동의해 드렸다.

"그러게 말입니다. 쉽지 않네요. 어머니 말씀처럼 해야 할 텐데요."

한 5분쯤 통화를 하고 운동장을 보니 준영이가 축구를 하고 있었다. 운동장으로 내려갔다.

"중간놀이 시간에 무슨 일 있었니?"
"4학년 애들 줄넘기 하는 거 방해했어요."
"선생님 없을 때 어떻게 해야 해?"
"죄송해요."
"너 칭찬하는 전화 한번 받아 보자. 할 수 있지?"
"네."
"빨리 가서 축구해."

24명의 아이들 모두와 매일 이런저런 사연이 생긴다. 이런 사연이 쌓이고 쌓여 사람이 만들어진다. 매순간, 한 아이 한 아이의 눈빛과 목소리에 귀를 기울이지 않으면 안 된다.

학급보다 업무가 우선이라고, 가르치는 일이 뭐가 힘드냐고, 각종 공모 사업을 나열하며 학교를 위해 이렇게 투자하고 있다고 생색내는 사람들을 볼 때마다 가슴이 답답해진다.

교실에는 돈보다 교사가 필요하다. 아이들에게 귀 기울일 교사가 필요하다. 아이들에게 집중할 수 있는 환경이 필요하다. 이게 그렇게 큰 욕심일까?

쫄보면
어때?

○

오늘도 준영이가 다른 반 선생님께 혼났다. 종이류를 모아
놓는 곳에 바퀴벌레가 나타났다는 소식에 준영이가 득달같
이 달려갔다. 그러고는 문 앞에 서 있던 다른 친구를 안으
로 밀어 버렸다. 화가 난 친구는 준영이도 밀어 넣어 버렸
다. 화가 난 준영이는 원통형 종이 막대로 친구를 때렸다.
결국 싸움.

누가 시비 걸면 어떻게 해야 해?
참아요.
참을 수 있어?
아뇨……
그럼, 도망가.

안 돼요.

왜?

애들이 쫄보라고 놀려요.

도망가는 게 왜 쫄보야?

쫄리니까 도망가는 거잖아요.

그럼, 욕 잘하고, 주먹질 잘하는 게 이기는 거야?

……

학교에 왜 다니는 거라고?

욕하고 싶을 때 욕하지 않으려고, 주먹질하고 싶을 때 주먹
질하지 않으려고요.

그래, 욕하고 싶을 때 욕하고, 주먹질하고 싶을 때 주먹질하
는 사람을 못 배운 사람이라고 하는 거야. 너희는 5학년이
잖아. 우리는 배운 사람 맞지?

네.

배운 사람이면 배운 사람답게 욕하고 싶어도 참고, 주먹질
하고 싶어도 참아. 누가 시비 걸면 도망가. 그리고 시비 건
친구를 측은하게 여겨. '학교 다닌 지 벌써 5년째인데 아직
도 욕하고 싶다고 욕하고, 주먹질하고 싶다고 주먹질하다
니. 언제 배운 사람이 될까?' 하고 말이야. 할 수 있지?

네.

우린 어떤 사람이니까?

배운 사람이요.

그래. 너희는 나한테 배운 사람이니까. 배운 사람답게 살자.

참 배운 사람답게 살기 힘든 하루하루다, 애도 어른도.

학교폭력의
경계

○

SNS에서 벌어진 일로 힘들어하는 하영이의 부모가 찾아왔다. 남학생은 신체 폭력이 횡행하지만 여학생은 관계를 통해 공격하는 경우가 많다. 겉으로 잘 드러나지 않는다. 하영이는, 절친이라 생각한 친구와 나눈 일 대 일 카톡이 다른 친구들에게 공개되면서 힘들어진 상태였다.

휴대폰 게임을 하던 하영이를 기다리던 가연이가 집에 먼저 간 것을 두고 하영이가 크게 화를 냈다 한다. 하영이는 사과를 했지만 가연이는 그 사과를 받아들이지 않고 일 대 일 카톡을 공개해 버렸다. 오랫동안 절친으로 지낸 친구에게 굴욕적일 정도의 사과를 계속하고도 카톡을 공개당한 하영이의 심리적 고통은 컸다.

교사인 나는 전혀 알 수 없었다. 하영이 어머니가 둘이 주고 받은 카톡을 전부 캡처해서 보내 온 것을 보고서야 실감이 됐다. 학교폭력으로 생각할 만했다. 이런 일이 학교폭력으로 넘어가면 어떻게 될까?

믿었던 친밀한 관계의 친구로부터 버려지는 느낌은 아이에게 큰 충격이 된다. 관계로부터 오는 외상인 것이다. 외상이 트라우마가 되느냐, 자기 성장의 밑거름이 되느냐는 외상 이후에 어떻게 대처하느냐에 달려 있다. 외상이 벌어진 상황에 대한 이해를 할 수 있느냐, 외상이 내 삶에 주는 의미를 찾았느냐.

이때 필요한 것이 바로 성숙한 타인이다. 부모나 교사가 아이가 겪는 심리적 고통을 안정시켜 준 후, 아이가 겪은 일에 대한 상황을 이해시킨다. 그리고 외상이 주는 의미가 무엇인지 함께 이야기를 나누는 것이다.

이때 중요한 것 하나, 누구도 백 퍼센트 이해할 수는 없다는 사실. 가족도 이해하기 어려운 것이 현실인데 하물며 타인은 오죽할까. 이 점만 제대로 이해해도 관계에서 오는 외상을 극복하는 데 가까워진다.

다음, 친구와 생긴 문제에서 의미를 찾고, 이로운 점을 생각해 보는 것이다. 한 친구와 지나치게 밀착이 되어 있는 경우 다른 친구와 친밀한 관계를 맺기 어렵다. 따라서 이전에는 볼 수 없었던 새로운 친구와 우정을 만들 기회가 생긴 것이다. 또한 친밀한 사이라 여긴 친구와의 관계가 건강하지 못하다는 것을 확인하는 계기로 볼 수도 있다. 이는 이후에 만들어지는 친구 관계를 보다 건강하게 유지할 수 있도록 돕는 계기가 될 수 있다.

문제를 겪으면서 아이 스스로 자신의 감정을 조절할 수 있는 기회를 얻게 됐다. 가족들이 자기 옆에 머물러 있다는 것을 알 수도 있다. 또 다른 친구들과 교사의 지지와 격려를 받을 수 있게 됐다. 잃은 것과 얻은 것을 잘 가늠해 봄으로써 아이는 앞으로 나아갈 수 있게 된다.

아이들은 미성숙하다. 따라서 어른에 비해 잘못이나 실수를 스스로 알아채기 어렵다. 잔소리가 필요한 수많은 이유 중하나다. 하지만 내 아이가 남의 아이에게 상처를 주거나 혹은 상처를 받았을 때 이성적으로 대처하기란 참 어렵다. 더군다나 이를 중재하는 교사를 불신하는 학부모라면 더더욱 감정이 앞서게 된다.

따라서 이들이 느끼는 심리적 고통에 대해 공감해 준다. 살면서 외상을 피할 수 있는 사람은 아무도 없다. 친밀한 관계로부터 오는 상처를 피할 수 있는 사람이 과연 얼마나 있을까? 과연 부모나 교사가 아이들이 받게 되는 마음의 상처를 전부 막아 줄 수 있을까? 그것이 정말 아이를 위한 일일까?

아이가 겪은 이런 일들을 미리 예측하고, 사전에 막을 수 있는 방법은 없다. 대신 이런 일이 생겼을 때 어떻게 잘 극복할 수 있는지는 도와줄 수 있다.

살면서 마주하는 역경이나 시련이 나를 돌아볼 기회라 여길 수 있는 삶의 태도를 가질 것. 가족이 함께 더 성숙하고 발전한 삶을 살아갈 수 있도록 함께 시간을 버텨 줄 것. 마지막으로 교사는 더 성숙한 친구와 좋은 관계를 만들 수 있도록 도와주고 응원할 것.

아이들은 미성숙하다. 아이들 삶의 경험은 성인에 비해 일천하다. 따라서 자신이 하는 말과 행동의 의미를 깊이 인식하지 못하는 경우가 태반이다. 그렇다면 자신이 하는 말과 행동의 의미를 한 번씩 깊이 생각해 볼 기회를 주는 것이 중요하지 않을까?

그래서 많은 교사들이 학교폭력 사안으로 이끌기보다 생활지도를 통해 해결하려고 노력한다. 하지만 사회는 교사들의 이러한 노력을 학교폭력 사건을 무마하려는 시도로 해석하는 경우가 대부분이다.

가해 아동도 피해 아동도 전부 미성숙하다. 이미 성인이 된 나이든 어른들도 미성숙한 사람들이 많다. 하물며 미성년자인 아이들은 오죽할까?

학교라는 울타리. 교사라는 성숙한 타인. 더불어 같은 또래의 미성숙한 친구들. 이들이 존재하는 이유는 성숙한 인간의 삶이 무엇인지 보고, 듣고, 배우고, 실천할 수 있는 수많은 기회를 부여하기 위해서다. 아이들이 학교를 벗어나기 전에 성숙해질 기회를 만나고 배우고 성장하게 도와야 한다.

부모의 이혼,
아이의 공포

○

"이혼 가정의 1학년 아이를 어떻게 도와줘야 할까요?"
지역 교육청에 가서 강의를 한 뒤, 교사가 된 지 얼마 안 된 선생님이 내게 메일을 보냈다. 얼마나 답답했을까? 후배 교사를 위해 곰곰이 생각하고 답장을 보냈다.

이혼 가정이라면 아이의 정서적 문제에 대해 두 가지를 생각해 볼 수 있다.
첫째, 부모의 다툼으로 오랫동안 정서적 불안과 공포에 휩싸여서 작은 자극에도 공격 반응을 일으킬 가능성이 높다. 보통 불안을 해소하기 위해 외부로 에너지를 발산하거나, 자신을 비하하거나, 심하면 자해나 자살 시도까지 이어지기도 하는 것으로 알고 있다.

둘째, 모든 아이는 아빠보다 엄마와 정서적으로 동일시하는 경향이 있다. 그런데 엄마가 아이 곁을 떠났다. 이는 아이가 유기 불안을 경험했다고 볼 수 있다. 버려짐에 대한 두려움, 공포가 정말 크지 않나 싶다. 엄마가 떠난 이유가 자신에게 있다고 생각하는 경우도 있다. 아이는 커다란 심적 부담을 안고 있을 가능성이 높다. 그렇다고 아이가 이를 말로 설명하기는 어려울 것이다. 부모의 이혼이라는 트라우마가 인지와 정서의 퇴행을 일으켰을 테니까.

이런 아이에게 필요한 것은 정서적 안정과 트라우마에 대한 치료다.
먼저 정서적 자기 조절을 돕는 방법.
아이가 등교하면 눈을 맞추고 인사를 해야 한다. 하이파이브나 악수, 혹은 포옹을 하면서 아침 일찍 일어나느라 힘들었겠다는 말도 해 주면 좋다.
눈 맞춤, 스킨십은 과잉활성화되어 있는 편도체를 진정시키기 좋다. 특히 스킨십은 옥시토신이라는 물질을 분비시켜 코르티솔 수치를 낮춰 준다.

하루 한 번 최대 심박 수의 75~85퍼센트에 이르는 운동을 15분 이상 꾸준히 하도록, 되도록 운동장이나 체육관에서 뛰면서 할 수 있는 놀이를 하도록 도우면 좋다.

혈류량이 증가하면 뇌에 산소 공급이 활발해진다. 이는 아이의 해마 발달을 촉진하고, 해마가 발달하면 편도체의 움직임을 스스로 조절할 수 있는 능력이 좋아진다.

사탕이나 젤리 같은 GI지수*가 높은 먹거리 대신 호두나 아몬드 같은 견과류를 주거나 우유에 귀리 같은 곡류를 타서 주면 좋다. 포도당으로 빠르게 변환되는 당류를 섭취하는 대신 천천히 변화되는 음식을 섭취하는 것이 정서적 안정에 매우 중요하기 때문이다.

아버지께 부탁드려 취침 30분 전에는 텔레비전이나 휴대폰 대신 책을 꼭 읽어 주도록 한다. 아빠의 목소리가 주는 정서적 안정 효과가 있다. 또한 텔레비전이나 휴대폰에서 나오는 블루 스크린이 양질의 수면을 만들어 주는 멜라토닌 호르몬 분비를 막아서 잠을 잘 못 자게 하고, 이는 다시 아이의 정서를 불안하게 만드는 원인이 되기 때문이다.

시간 맞추기를 한다. 바른 자세로 눈을 감고 10초가 되면 눈을 뜨도록 한나. 10초, 20초, 30초… 1분 정도까지 점차

---

* GI지수 : Glycemic Index, 혈당지수. 음식 자체의 칼로리와 관계없이, 섭취 후 소화되어 혈당이 상승하는 속도를 포도당을 기준으로 산출한 지수.

시간을 늘린다. 시간을 맞추려고 하다 보면 아이들은 자신도 모르게 자기 호흡에 집중하게 된다.

호흡이 중요하다. 아이가 과도한 스트레스에 장시간 노출되면서 신체적으로 긴장되어 있을 가능성이 높다. 이완이 필요하다. 호흡에 집중하는 것이 이완에 도움이 된다.

길게 소리내기 연습을 한다.
한 음으로 길게 소리를 반복해서 내려면 짧게 들이마시고, 길게 내쉬어야 한다. 이는 자연스레 복식호흡으로 이어진다. 복식호흡은 체내 산소 공급량을 늘려서 신체를 이완시켜 주는 효과가 있다.

아이들이 들어도 좋은, 조금은 슬픈 동요나 가요를 들려준다. 그리고 느낌을 물어본다.
슬픈 음악이 정서적으로 위로가 된다는 것을 경험하게 만든다. 그리고 그 느낌을 자기 말로 표현하게 한다. 그 과정이 인지 발달을 촉진하고, 정서를 안정시킨다.

균형잡기를 연습해 본다. 평균대나 요가할 때 하는 자세인, 눈을 감고 양 팔을 벌린 후 한 발로 서기 같은 것도 좋다.
불안한 아이들일수록 신체적 균형을 잘 잡지 못한다. 감각에 집중하는 일이 어렵기 때문이다.

다음은 트라우마 치료에 대한 것이다.
아이들에게 역경이 닥쳐왔을 때 필요한 것은 두 가지다.
이해하기와 이로움 찾기.
앞서 부모의 이혼이 자기 책임이라고 여기거나, 엄마가 아이를 버렸다고 생각할 가능성에 대해 이야기했다. 따라서 아이에게 부모의 이혼은 아이의 책임이 아니며, 엄마가 아이를 버린 것이 아니라 아빠와 헤어져 살기 위한 선택임을 이야기해야 한다.

다음으로 좋은 친구가 되었으면 좋겠다고 이야기해 주는 것이다. 부모가 이혼한 아이가 이 세상에 참 많다는 사실도 알아야 한다. 그 많은 친구들에게 희망이 될 수 있도록 좋은 친구가 되어 달라고 부탁을 하는 것이다. 그것이 아이가 살아가는 이유가 될 것이다.

아이가 알아듣건, 못 알아듣건 비슷한 이야기를 반복해서 해야 한다. 아이는 직관적으로 알고 있다. 자신의 행동으로 친구와 선생님이 고통 받고 있다는 것을.
하지만 어찌지 못하는 자신 때문에 힘들 것이다. 무엇을 어떻게 해야 할지 모를 것이다. 부모의 이혼을 이해하지 못하고, 자신이 왜 학교에 나와야 하는지 알 수 없다. 그래서 학교에 오는 것이 고통일 것 같다.

이런 내용으로 답장을 드렸다. 그 두 가지 장애물을 교사와 아이가 함께 넘어서는 데 나의 이야기가 조금이라도 도움이 되면 좋겠다.

교실을
더 넓게 보자

○

"선생님, 해리 엄마예요.

혹시 지금 해리 짝꿍이 정호라는 학생인가요?

오늘도 학교 안 간다고 해서 물어봤더니 정호라는 짝꿍이

살찐 거로 장난 치고 놀린다고…….

그래서 선생님한테 얘기했냐고 그랬더니 혼나고 또 놀리고

남자애들끼리 다른 얘기 하다가도 그 짝꿍이 또 해리 살찐

거로 얘기한다고 학교 가기 싫다고 우네요…….

그래서 짝꿍 바꿔 달라고 얘기하라고 했어요.

선생님, 저 지금 너무 화가 나서 당장이라도 쫓아가고 싶지

만 참고 전화했는데 안 받으셔서 톡 남깁니다.

5학년이 된 아이가 뭐 하는 거죠?

진짜 인성이…….

다시 한 번 그 짝꿍이 해리 상처 주면 저 가만히 있지 않을
거예요.
정말 어이가 없고 너무 속상해서 저도 눈물이 나네요."

"남자 아이 하나 때문에 학교 가기 싫어해서 되겠습니까?
짝꿍 바꿔 주시고 절대 못 하게 따끔하게 말씀해 주세요."

"해리를 설득시켜서 학교 보낼 테니 짝꿍 바꿔 주세요."

아침부터 연이어 카톡이 왔다. 엄마는 화가 많이 났다. 짝이
함부로 던진 말에 해리가 마음의 상처를 입었기 때문이다.
해리는 얼마나 힘들었을까? 늘 밝게 웃으며 지내는 아이였
는데 갑자기 학교에 나오지 않는다고 해서 나 역시 놀랐다.
하물며 어머니는 얼마나 놀라셨을까? 뒤늦게 카톡을 확인
하고, 전화를 드렸다. 전화를 하기 전 잠시 심호흡을 했다.
흥분한 타인과 전화를 한다는 것은 참 어려운 일이다.

지금 당장은 짝을 바꾸는 것이 곤란하다고 했다. 그리고 왜
안 되는지 이유를 설명하려 했다. 대화가 되지 않고, 감정만
던져졌다. 아차, 싶었다. 진정시켜 드리는 것이 먼저였다.

일단 해리와 이야기를 나눈 후에 짝을 바꿀지 말지를 결정

하기로 했다. 어머니가 원하는 대로 할 수 있다는 가능성을 보여 드리자 대화가 되기 시작했다. 이어서 그동안 해리가 보여 준 여러 가지 노력을 자세히 언급하고, 해리가 더 잘 성장할 수 있도록 함께 노력하자고 말씀드렸다.

중고등학교에서도 비슷한 일을 겪을지 모르는데, 되도록 담임이 지켜보고 도와줄 수 있는 지금 이 문제를 스스로 해결할 수 있게 해 주면 더 좋겠다고 말씀드렸다. 해리 어머니역시 해리가 스스로 해결할 수 있었으면 좋겠다고 말씀하셨다. 다음은 해리를 만날 차례다.

해리는 오전 내 잠을 자다가 아이들이 하교할 때쯤 되어서야 학교에 왔다. 경직되고, 울먹일 듯한 표정으로 마주 앉았다. 정호가 해리만 들리게 "너 돼지 같아!" 한단다. 얼마나 화가 났을까? 나도 같이 화를 냈다. 정호가 평소에도 말을 함부로 해서 여러 친구들에게 원성을 샀다. 사실 정호가 말하는 태도는 정호가 가정 안에 가장 두려워하는 이가 정호를 대하는 태도와 유사했다. 그렇다. 분명히 원인이 있었다.

사람은 흥분하면 눈앞에 있는 사물만 본다. 시야가 좁아지는 것이다. 해리는 평상시에도 스트레스 역치 수준*이 낮았다. 해리는 금방 시야가 좁아졌다. 따라서 해리가 보다 넓게 교실을 보도록 만들어야 했다.

수학 시간만 되면 엎드리던 해리가 같은 모둠에 있는 따뜻하고 성실한 가연이 덕에 바뀌었다. 문제를 포기하지 않고 끝까지 풀 수 있게 되었다. 친구들의 격려 때문이다. 해리가 그랬듯이 정호도 변할 수 있을 것이다.

정호와 주로 시간을 보내는 친구가 누구냐고 해리에게 물어보았다. 정호는 준영이와 주로 시간을 보낸다고 했다. 되물었다. 정호가 더 나아질 것 같으냐고. 해리는 아니라고 대답했다. 그래서 부탁했다. 해리가 정호보다 노력해서 훌륭해졌으면 좋겠다고. 그래서 정호가 변할 수 있도록 도와주었으면 좋겠다고.

정호와 친하게 지내려고 억지로 노력하기보다 정호에게 지지 않도록 더 노력하는 모습을 보여 달라고 부탁했다. 자신의 성장에 도움이 되는 무엇이든 정호에게 지지 않도록 노력하는 모습을 보여 달라고. 그러면 반드시 정호가 변할 거라고 말했다. 마치 친구들 덕분에 변했던 해리 자신처럼.

해리에게 스스로 결정하라고 했다. 짝을 바꿀지, 아니면 정

* 스트레스 역치 수준 : 사소한 일에 격분하는 경우 역치 수준이 낮고, 기분 좋을 때 사소한 일도 괘념치 않는 경우 역치 수준이 높다고 할 수 있다.

호가 변할 수 있게 더 노력하는 해리가 될지를. 해리는 정호에게 지지 않는 자신이 되겠다고 약속했다. 그리고 다음 날 학교에 나오기 시작했다.

학교에서 친구들과 함께 하며 벌어지는 수많은 좋은 일과 나쁜 일 속에서 오롯이 딱 한 가지, 자신의 귀에 속삭인 그 한 마디에만 반응하면 학교생활은 당연히 괴롭다. 과거의 경험이 현재에 영향을 준다. 좋은 친구들의 존재를 잊고, 자신을 힘들게 한 친구에게만 주의가 기울여지는 것이다.

나쁜 일이 생겼을 때 오히려 성장의 밑거름으로 삼는 것, 새로운 방식으로 대처하고 적응하는 힘을 아이들은 가지고 있다. 그걸 알려 주는 것이 바로 교사가 할 일이다.

꾀병일까,
아닐까?

○

"선생님, 머리가 아파요."
"선생님, 배가 아파요."
"선생님, 어지러워요."

유난히 보건실에 자주 가는 해리. 피곤한 얼굴로 등교하고,
전담 수업 시간에는 틈만 나면 보건실에 가려고 한다. 꾀병
일까? 꾀병일 수도 있고, 아닐 수도 있다.

혹시 다른 이유가 있나 싶어 학생생활기록부를 살펴보았다.
5학년인데 우리 학교가 네 번째다. 거주지 변동이 잦고, 지
금은 조부모와 산다.

보건실에 자주 가는 까닭을 알겠다. 스트레스다. 높은 강도

의 스트레스에 오랫동안 노출된 아이는 작은 스트레스 자극에도 크게 반응한다. 디스트레스*로 인식하는 것이다.

특히 관계에서 오는 갈등에 취약했다. 친구와 말다툼을 하거나 갈등이 생기면 여지없이 보건실에 가고 싶어 했다. 이렇게 오랫동안 스트레스에 노출되면 면역 체계도 덩달아 약해진다.

생각해 보자. 아이가 조부모와 산다. 부모와 떨어지는 것을 원하는 건강한 아이는 없다.

게다가 전학도 세 번이나 했다. 갈 때마다 새로운 친구들을 만나야 한다. 기존에 함께 자라온 친구들 틈 사이로 들어가 함께 어울려야 한다. 얼마나 힘든 일일까?

지칠 만하다. 힘들 만하다. 스트레스에 취약할 만하다. 아이가 감기에 자주 시달린 이유. 수시로 아프다며 보건실에 간 이유가 생활기록부에 써 있었던 셈이다.

그럼에도 주변 친구들 덕분에 학교에 꾸준히 나온다. 숙제도 하고, 교실 청소 같은 일을 한 가지씩 나누어 맡고, 책도 읽고, 발표에 참여도 한다. 매일 웃으며 인사 나누는 사이가 되

---

* distress, 정신적 고통이 함께하는 스트레스. 암환자들이 흔히 겪는 스트레스다.

기도 했다.

보건실에 자주 가는 아이의 행동을 딱 한 가지 관점으로 판단하지 않고 다른 이유가 있을 거라고 생각할 수 있어서 다행이다. 초임 때보다 내가 나아진 점이다.

학부모 상담에
대하여

○

학기 초에는 학부모 상담 주간이 따로 있다. 교사나 아이,
학부모에게 모두 중요한 자리다. 어떤 마음으로 만나면 좋
을까? 학교 선생님들과 상담 주간을 앞두고 이야기를 나누
었다.

학부모는 자녀 양육에 최선을 다하고 있다. 따라서 아이를
위해 더 애써 달라는 이야기는 하지 말자. 학부모로서 아이
들 선생님께 상담을 받으며 내린 결론이었다. 나 역시 학부
모로서 내 아이를 위해 최선을 다하고 있다. 문제 행동을 일
으키는 부모 역시 그들이 할 수 있는 최선을 다하고 있음을
인정해야 한다.

부모가 아이를 믿는가가 중요하다. 믿음의 근거를 마련해 주어야 한다. 따라서 질문이 중요하다. 질문이 사고를 결정하기 때문이다. 아이가 잘하는 점, 아이에게 고마웠던 일 등에 대한 질문을 하자. 학교에서 알고 있던 아이가 가정에서도 똑같은 행동을 하지 않을 수 있다.

부모로서 아이의 모든 것을 알지 못한다. 하물며 담임교사로서 학생에 대해 아는 것은 극히 일부일지도 모른다. 부모와 교사가 아이를 이해하기 위해 서로 협력하는 것이 중요하다. 상담은 협력을 위해 필요하다.

문제 행동이 문제가 아니라, 성숙한 행동을 모르거나 보다나은 삶을 살기 위한 노력을 기울이지 않는 것이 문제다. 따라서 더 성숙한 청소년으로 성장하기를 가정과 학교에서기대하고, 격려해 주도록 해야 한다.

학부모 상담이 아이의 단점을 지적받는 것이 아니라 아이의 강점, 혹은 장점을 찾아 이를 발현시킬 기회와 무대를 함께 만들어 가기 위한 노력이라고 생각하도록 도와야 한다.

제가 쟤보다
낮지 않아요?

○

진우는 1학기 회장이 되었다. 자신과 친구, 가족을 위해 매일 실천 가능한 목표를 정했다. 약속은 잘 지켜지지 않았다. 친구와 갈등이 심해져서 자살 충동을 이야기했고, 수차례 면담 후 충동에서 벗어났다.

2학기가 되고 임원 선거에서 떨어졌다. 등교 시간에 자주 늦고, 도움은커녕 주변 친구들을 종종 힘들게 했기 때문이다. 진우는 마음으로 받아들이지 못했다.

드디어 오늘. 자신과 깊은 갈등을 겪었던 준영이에게 어깨를 부딪치고는 찌증을 냈다. 그러곤 쳐다보고 멀리서 말로만 사과를 했다. 사과의 형식적 조건을 갖추었으나 빠진 것이 하나 있었다. 미안한 마음. 둘을 불렀다.

"똑같구나."
"뭐가요?"
"사과하는 모습이. 네가 싫어하던 준영이가 너에게 사과하
던 모습과 같잖아."
"그래도 제가 쟤보다 낫지 않아요?"

문제 행동을 일으키는 아이들 대부분이 보여 주는 패턴이
다. 이들은 자기 평가의 기준이 내가 아닌 타인에게 있다.
다시 진우에게 물었다.

"1학기 때의 너와 지금의 너는 어때?"
"……."
"1학기 때 선생님과 함께 약속했던 것 어떻게 실천했어? 지
금 네 모습은 1학기 때의 너와 비교하면 어때? 선생님이 속
상한 것은 그거야. 어제보다 나은 너이기를 바랐는데, 너는
준영이보다 나은 너이기를 원한 거야?"

진우는 울기 시작했다. 진우를 화장실로 보내고 다시 준영
이와 이야기를 나누었다.

"화났지?"

"네. 쳐다보지도 않고 말로만 미안하다고 하잖아요."

"네가 진우한테 그랬어. 기억하지?"

"……."

"네게 받은 상처가 너무 오랫동안 컸으니까 네가 이해해 줘. 그래도 너랑 같이 축구도 하고 같이 놀잖아."

하교 후 진우는 큰소리로, 준영이에게 같이 축구를 하자고 했다.

아이들도 나도, 어제보다 나은 오늘의 나, 오늘보다 나은 내일의 내가 되었으면 좋겠다. 내 삶의 평가 기준이 내가 아닌 타인에게 치우칠 때 내 삶의 성장은 멈추고, 불평과 불만에 사로잡혀 자신은 물론 타인의 성장마저 발목을 잡기 때문이다.

학교 가기
싫어요

○

올해만 두 번째다. 두 번 다 여자 아이들이었다. 서로의 갈
등이 쌓이고 불편한 감정이 커지자 끝내 등교를 거부한 것
이다. 일종의 회피다.

3월에 장애에 대한 이야기를 했다. 사람과 사람 사이를 가
로막는 일, 사람이 사람을 꺼리는 말과 행동이야말로 진짜
장애라고.

무슨 일 있어? 왜 학교에 오기 싫은 거야?

가영이가 자꾸 저를 따돌려서요. 친구들한테 안 좋은 이야
기하고…… 1학년 때부터 그랬어요. 제가 1학년 때 이사를
왔는데요. 가영이가 친하던 하은이랑 친하게 되었거든요.
가영이랑도 같이 놀려고 했는데, 맨날 바쁘다고 그랬어요.

126

그래 놓고 저보고 친구 빼앗았다고 그랬어요. 그러다 올해 다시 친해졌는데 또 따돌리잖아요.

장애의 뜻 기억해?
네. 사람이 사람을 거리끼는 거요.
지금 너도 가영이도 서로를 거리끼는 것 같은데?
그렇네요.
지지 않았으면 좋겠어, 네가. 친구가 너를 꺼린다고 너도 친구를 멀리하지 않았으면 좋겠어. 네 모습을 보고 가영이도 변할 수 있도록 했으면 좋겠어. 그렇다고 억지로 같이 놀라는 건 아니야.

그럼, 어떻게 해요?
인사를 먼저 해 줘. 인사할 때는 웃어야 하잖아. 그거만 해 줄래?
네.
피하지 말자. 그리고 지지 말자. 네 마음속에 있는, 친구를 피하고 싶은 마음에 지지 않았으면 좋겠어.
네, 선생님.
그럼, 4교시 수업 같이 듣고, 오늘 수요일이잖아. 점심 맛있어. 점심 같이 먹고 6교시 선생님 수업 같이 듣고 가자.

아이는 다음날 수업에 일찍 왔고, 다른 친구들과 더 사이좋게 하루를 보냈다.

갈등이 생기면 대화를 통해 풀어야 한다. 하지만 대화를 할수록 감정이 쌓이기도 한다. 시간이 필요하고, 간격이 필요하다. 다른 친구와 좋은 친구 사이가 될 기회가 되기도 하고, 그 덕분에 성장해서 다시 만나 친해지기도 한다.

중요한 것은 아이들은 서로 친해지고 싶어 한다는 것. 그리고 시간이 지날수록 성숙해진다는 것이다. 그것을 믿고 기대하는 것이 교사의 역할이다.

2부

교사는 마지막 둑

학교는 참 어렵다.
아이들 삶 하나하나가 전부 쉽지 않다.
공부도 삶도 외롭지 않아야 한다.
그래서 학교가 있고, 교사가 있고, 친구가 있다.
학교는 어떤 이유에서건 보호 요인이다.
다시 일어설 곳.
손잡고 함께 일어서는 곳.
그곳이 학교여야 한다.

제가
맡을게요

○

12월의 학교는 분주하다. 정식 인사는 2월에 나지만 교사들끼리 나름 업무를 새로 나누고 학년을 배정한다. 학교에는 기피하는 아이, 혹은 기피 학년이 존재한다. 하나부터 열까지 시범을 보이고, 들어주고, 따라해 보도록 이끌어야 하는 저학년부터 도화선에 불이 붙어 있는 다이너마이트 같은 고학년.

그중 단연 압권은 건드리기만 해 보라는 듯한 눈빛과 말투로 무장한 5, 6학년들이다. 그래서 나는 자주 이렇게 말하게 되었다.

"제가 맡을게요."

교사로서 자존심이었고, 동료 교사로서 책임감이었다. 내가 맡아서 바꿔 보겠다는 자존심, 덩치 큰 아이들을 지도하기 어려워하는 동료 교사들에 대한 책임감.

사실 늘 자신은 없었다. 업무 부장, 학년 부장, 청소년 단체 등 주어진 업무를 하다 보면 아이들에게 미안해 할 일이 많았다. 학교 일이라는 것이 서류를 통해 인계인수되고, 해마다 주어지는 업무가 달라지다 보니 모든 것이 매번 처음이었다.

더구나 수업과 생활지도를 하러 온 학교에서 각종 행정 업무를 새로 배워야 하니 시간이 오래 걸리고 틀리기를 밥 먹듯이 하는 것은 당연한 일이었다.

행정실 직원들이야 맨날 하던 일을 하지만 교사들은 해마다 새로운 업무를 배정받는다. 웃기는 일이다. 아이들 가르치는 일보다 어떤 업무를 하느냐에 촉각을 곤두세워야 한다니.

힘든 학년, 힘든 아이를 맡게 되면 업무를 줄여 주기도 했다. 물리학에 질량 보존의 법칙이 있다면, 학교에는 업무 보존의 법칙이 있다고 할 수 있다. 대부분의 학교가 비슷한 업무의 양을 갖고 있다면 큰 학교는 여러 교사가 나누어 지고 있거나 혹은 부장 교사나 업무 전담팀이라는 미명 아래 교사의 정체성을 잃어버릴 위기에 처한 교사들이 부담을 지고 있다.

하물며 작은 학교는 말할 것도 없다. 아이들이 적다고 업무가 적은 것이 아니라 업무의 양은 그대로인데 교사들의 수가 적은 것이다. 이때 누구 하나 업무를 맡지 못하는 상황이 생기면, 다른 교사에게 과부하가 걸린다.

업무로 인한 과부하. 이때 가장 피해를 입는 것은 누굴까? 당연히 아이들이다. 부장 교사 시절. 업무가 몰아칠 때 아이들은 뒷전이 되기 십상이었다. 그리고 퇴근하는 길에 늘 후회를 했다.

숙제를 안 해 오면 하기 싫어서 그런가 보다, 지각을 하면 학교 오기 싫은가 보다, 준비물을 안 챙기면 준비성이 없나 보다 했다.
내가 한 일이라고는 고작 야단치는 일뿐.

아이와 면담 한 번으로 아이의 모든 것을 알 수는 없었다. 책으로 아무리 인간의 심리를 공부한다 한들 아이의 마음을 이해할 수는 없었다. 상담과 슈퍼비전을 통해 상담자로

서 나의 태도를 지도 받는다 한들 아이에 대한 나의 태도는
바뀌지 않았다.

"제가 맡을게요."

이 한마디를 하기까지의 고민과 부담은 말할 수 없이 크다.
해마다 만나는 아이들이 달라지고 있음을 느낀다. 아이들보
다 부모들을 대하는 것이 더욱 힘들어지고 있다. 좋은 책에
서 읽었다고, 훌륭한 분의 강의를 들었다고 내 교실의 상황
이 나아지지는 않았다.

결국 교사와 학생, 교사와 학부모, 교사와 교사의 관계를 어
떻게 맺어 가느냐가 아이를 변화시키는 힘이 되었다. 어렵
다. 단 한 가지만으로 바뀌지 않으니까.

수업은 물론이고 교사의 표정, 말투, 목소리, 복장, 교실 내
조명의 색깔, 소리, 책걸상의 위치, 학부모의 양육 태도, 교
과에 대한 과거 경험, 수면 습관, 호흡, 자세, 식습관, 운동의
양과 질, 교우 관계, 인지, 정서, 신체 발달의 정도… 이 모
든 것이 아이에게 영향을 미친다.
많은 것들을 전부 고려해서 하나하나 아이에 맞게 지도하
는 일에 들이는 시간과 노력. 그래도 한 사람을 성장시키기

에 모자람이 많다.

아이들과 교사 사이에 1만 개가 넘는 공문을 보내고 받는 교육청과 교육부. 그들을 적폐로 여기는 교사들의 시선이 결코 근거 없는 비난이 아니다.

교사와 학생들 사이에 놓인 1만 개가 넘는 공문이 사라진다면 학교마다 "제가 맡을게요." 하고 말하는 교사들이 넘쳐날 것이다.

교장보다
교사가 되고 싶다

○

교사가 되고 싶었다. 교사가 되었지만 좋은 교사가 되기란 쉽지 않았다. 교사가 되었음에도 아이들의 가늠할 수 없는 가능성을 함부로 재단해 버리기 일쑤였다.

교사를 힘들게 하는 아이를 가르치는 일이 어려웠고, 그래서 새로운 아이를 만날 때마다 새로운 문제에 부딪쳤으며, 그때마다 새롭게 공부해야 했다.

교사를 힘들게 하는 아이를 맡아서 가르친다고 누가 알아주지도 않는다. 교육이라는 것이 인간의 성장을 지향하지만, 인간의 성장을 잴 수 있는 객관적 도구는 없기 때문이다. 따라서 사람들은 학생의 학업 성적으로만 교사의 성과를 평가할 뿐 학생 내면의 성장 따위에는 관심이 없다.

평가의 공정성에만 집착하는 사회에서 인간의 성장을 이야기하는 교사는 현실을 모르는 철딱서니일 뿐이니까. 어렵고 힘든 아이를 가르치며 배우는 교사들의 노고는 그저 자기만족이다.

더 나은 교육을 위해 교사가 학위를 지속한다는 것은 교사로서의 전문성을 높이려는 여러 가지 노력 중의 하나임에도 승진을 포기하는 일 중 하나로 여기는 것이 현실이다. 학위가 승진 가산점에 포함되기는 하나 그 지난한 과정이 오히려 다른 가산점을 쌓는 데 방해가 되기 쉽기 때문이다.

사실 승진이 아니라 전직일 뿐이다. 교원으로서, 가르치는 일을 지원하는 일을 하는 사람이 될 뿐이다. 처음에는 아이들을 가르치는 교사를 꿈꾸고 교사가 되었는데 왜 교장, 교감이 되고 싶어 하는지 잘 몰랐다. 그러다 경력이 쌓일수록 그 까닭을 알게 되었다.

교장은 학교 안에서 절대적인 힘을 갖고 있다. 교장 선생님의 눈 밖에 나면 교사가 하려는 교육 행위는 심각하게 제한을 받는다. 배우고 성찰한 결과를 교육 활동으로 보여 주려면, 교장 선생님의 호의를 얻어야 한다. 물론 훌륭한 교장 선생님을 만나면 굳이 이런 노력을 하지 않아도 된다.

20년 이상 경력이 쌓이고, 정부와 각 지역 교육청이 제도로 정해 놓은 승진 가산점을 얻어야만 교감, 교장이 될 수 있다. 나 역시 여러 학교에서 근무하며 승진 점수가 쌓였다. 하지만 승진 점수를 채운다고 한들 교감이나 교장이 되기는 어렵다. 근무 평정*이 중요하기 때문이다.

승진 가산점 차이보다 근무 평정 점수 차이로 승진이 결정될 가능성이 높다. 대부분 승진 가산점이 일정 수준이 되어야 승진 서류를 내기 때문이다.

근무 평가가 나쁘다는 것은 동료들에게 지지받지 못한다는 걸 증명하기 때문인 것 같다. 그런데 근무 평정은 교사 다면 평가 40퍼센트, 교감 20퍼센트, 교장 40퍼센트로 결정된다. 동료 교사의 평가보다 교감, 교장의 평가가 훨씬 더 비중이 크다. 특히 학교장의 평가가 결정적이다.

정리하면 교장의 권한은 절대적이며 이 권한에 접근하는

---

* 근무 평정 : 직장의 감독자가 일정한 기준에 따라 근무 성적을 분석하고 평가하는 일을 말한다.

방법은 오로지 승진 제도에 전념하는 것뿐이다. 더불어 승진 제도가 주는 전문성은 업무 수행 능력에 치우칠 뿐, 실제 아이들의 성장과 발달에 대한 연구를 촉진하지는 못한다는 점이 중요하다. 이는 학교장 개인의 능력과 자질에 절대적으로 의존해야만 하는 문제이기도 하다.

교장을 꿈꾸지 않았던 이유가 이것이다. 교사로서의 전문성 발휘 여부가 학교장에 의해 결정되는 학교 구조. 승진 제도에 전념할수록 아이들과 멀어져야 하는 시스템. 이는 교사로서 무력감을 느끼게 하고, 교사 개인이 아무리 노력해도 학교가 바뀌지 않는구나 하는 절망을 경험하게 한다.

다행스럽게도 지난 2012년, 내부형 교장 공모제가 도입되었다. 교장 자격증이 없어도 경력 15년 이상이면 공모를 통해 교장이 될 수 있게 한 제도다. 근무 평정과 상관없이 말이다. 내부형 교장 공모제는 교장의 권한 획득 과정에 민주성을 부여한다. 다수의 경쟁을 통한 선발 과정을 거쳐야 하기 때문이다. 또한 아이들 옆을 떠나지 않아도 된다. 내부형 교장 공모제를 거친 후 다시 교사로서 아이들 곁으로 돌아갈 수 있기 때문이다.

전국의 수많은 교장, 교감 선생님들도 교사로서 교실에서 아이들과 함께 성장해 온 분들이다. 그분들이 본래 꾸었던 교사로서의 꿈을 지켜 줄 수단으로도 내부형 교장 공모제는 알맞아 보인다. 이 제도가 더 확대되고 안정적으로 시행되었으면 좋겠다.

육아 휴직에서
얻은 것

○

아이들이 만 열 살, 여덟 살일 때 육아 휴직을 했다. 육아 휴
직이라고는 해도 혼자 밥 먹고, 화장실 가고, 옷 입는 아이
들 밥 챙겨 주고, 등하교 시키고, 간식 챙기고, 학원 데려다
주는 일쯤이야 영유아를 돌보는 휴직에 비하면 힘들다 할
것도 없다.

그래도 학부모 입장에서 학교를 바라볼 수 있는 감사한 시
간이었다. 아이들의 학업 성취, 또래 관계, 교사와 학생 관
계, 학부모와 학부모의 관계, 교사와 학부모 관계, 학생과
학생의 관계…, 이 많은 관계들 중에서 첫 번째는 교사와 학
생의 관계, 두 번째가 학생과 학생의 관계인 것 같다.

교사와 관계가 좋을수록 학습에 대한 동기가 높다. 학교 본연의 목적인 학생의 발달과 성장을 촉진하는 가장 중요한 요인인 셈이다. 아들과 딸 모두 담임교사를 좋아했고, 무엇이든 열심히 하려고 했다. 교사가 학생에게 기울이는 관심의 정도가 학생의 성장 동기에 어떤 영향을 주는지 가까이에서 목격할 수 있는 아주 소중한 기회였다.

교사와 학생 관계에 큰 영향을 미치는 건 크게 세 가지다. 첫째, 교사가 맡은 업무. 둘째, 교사의 교육 철학. 셋째, 교사에 대한 학부모의 신뢰. 따라서 내 아이 담임이 부장 교사라면 마음속으로 일정 부분 포기한다. 아이들에게 기울여야 할 관심이 과다한 업무로 흩어질 거라는 걸 교사가 아닌 학부모들도 알고 있으니까.

학부모로서 가장 궁금했던 것은 두 번째였다. 어떤 철학을 바탕으로 학급을 운영할까? 이것을 모르는 학부모로서는 아이가 보이는 반응에 일희일비하기 쉬웠다. 이는 교사에 대한 불신으로 이어지기 일쑤였고, 아이는 즉각 문제 행동으로 드러냈다.

학부모로서 교사를 신뢰하고자 애썼다. 교사를 신뢰하려는 노력은 내 아이를 위해서도 필요했다. 아이에게 교사와 학교의 상황을 이해시키고 학생에게 기울여야 할 관심이 왜 부족한지 까닭을 설명했다. 다음으로 아이가 해야 할 노력을 설명했다. 어떤 선생님을 만나도 네 덕분에 더 잘 가르치는 교사가 되어야겠다고 마음먹을 수 있도록 훌륭해지자고.

그런 시간을 보내고, 조금은 두려운 마음으로 학교에 돌아왔다. 나는 과연 어떤 교사일까? 내 부족함과 모자람이 어떻게 드러날까? 그런 점에서 나의 육아 휴직은 한 발자국 떨어져 교사인 나를 돌아볼 수 있게 해 준 귀한 시간이었다.

지은을 최고로,
보은을 제일로

○

나의 꿈은 '아이들이 어디를 가건 언제 나가건 안심할 수 있는 세상을 만드는 것'이다.
아이가 조금만 늦게 들어와도 부모는 불안하다. 찻길을 지날 때면 신호를 위반하는 차가 있을까 늘 조마조마하다.

북유럽에서였다. 눈이 조금 내린 날이었는데, 횡단보도 앞에서 차들이 지나가길 기다리고 있을 때였다. 저 멀리서 차가 서더니, 운전자가 건너가라고 손짓했다. 배려받는다는 느낌이 들었다. 길을 건너며 고맙다는 눈인사를 했다.

어디를 가건, 언제 나가건 안심하려면 사람을 믿을 수 있어야 한다. 믿을 수 있는 사람이 많아지려면 어떻게 해야 할까?

우리들 한 사람 한 사람이 훌륭하게 자라야 한다. 그럼, 어떻게 해야 훌륭한 사람으로 성장할 수 있을까?
오랜 시간 조금씩 고치고 고쳐서 정한 급훈에는 바로 그런 뜻이 담겨 있다.

> 지은을 최고로,
> 보은을 제일로,
> 모든 일에 함께 노력하자.

아이들에게 감사함을 가르쳐야 했다. 자신과 인연이 있는 모든 이들의 노고에 대해 감사함을 가르쳤다. 아파트 경비부터 급식 조리 종사원까지. 경비 아저씨와 눈을 맞추고 인사를 드리는 일부터 매일 아침 힘들게 만들어 주신 급식을 맛있게 먹는 일도 '보은'에 해당한다고 나는 생각하기 때문이다.

부모님의 은혜에 보답하는 일은 작게는 집안일을 돕는 것에서 크게는 아이 자신이 부모보다 훌륭하게 성장하는 데 있다. 부모보다 훌륭하다는 것은 물론 학벌이나 사회적 지위 따위가 아니다.

교사의 고마움에 보답하는 일은 아이들이 교사보다 훌륭해지는 일이다. 교사의 로망인 '청출어람'인 셈이다. 이는 학생 개인의 노력만으로 이루기 어렵다. 노력하고 성장하는 교사가 있어야 하고, 함께 손잡고 성장하고자 격려하는 교사가 있어야 가능하다.

감사함 다음으로 가르치는 것은 '도덕道德'이다.
도덕의 뜻. 사람이 사람답게 살려면 지금 내 옆에 있는 이를 도와주어야 한다. 친구의 장점, 노력하는 일에 관심을 기울이고, 잘못된 행위를 할 때 가로막아 설 줄 알아야 하며, 더 훌륭해지고자 서로 격려해야 한다.

더 나은 우정은 무엇인지, 진짜 사랑은 무엇인지 이 기준으로 판단한다. 진짜 사랑이라면 서로의 성장을 촉진하고, 격려하는 관계이고 사랑이 아니라면 서로의 성장을 가로막는 사이가 될 거라고.

일 년 내내 아이들이 교사인 내가 없어도 스스로, 그리고 서로 이러한 내적 가치 기준을 세우고 행동할 수 있도록 노력한다.

좋은 건
어렵다

○

음식을 골고루 먹고, 규칙적으로 운동을 하며, 다양한 연령대와 폭넓은 직업군의 사람들과 만나고, 매일 책을 한 줄이라도 읽고 쓴다. 누구나 하고 싶어 하는 일이다.

"좋은 줄 몰라서 안 하나? 힘들어서 안 하지."

그렇다. 힘들다. 책을 읽는 것도 힘들고, 운동하는 것도 힘들고, 끼니를 챙기는 것도 힘들고, 남의 이야기에 귀 기울이는 것도 힘들다.

나쁜 건 가르치지 않아도 알아서들 잘한다. 왜냐고? 쉬우니까. 보상도 즉각적이다. 도파민이란 보상 호르몬이 바로 분

비되고, 만족감을 느낀다. 계기-행동-보상이란 습관의 바퀴에 올라타기 쉽다.

반면 좋은 건 한 번 가르친다고 알아서 하지 않는다. 1981년에 던Dunn과 켄드릭Kendrick, 맥나미MacName가 이런 발표를 했다. 두 살부터 네 살까지 아동의 25퍼센트가 어린 형제를 자주 위로해 주었고, 30퍼센트는 가끔 그런 행동을 보였으며 나머지 45퍼센트는 거의 보이지 않았다는 것이다.

인지상정 따위 없다. 인간이라면 당연히 해야 할 공감적 행동을 하지 않을 가능성이 늘 45퍼센트이니 공감을 가르쳐야 하지 않나? 그래서 아이들 옆에 부모나 교사가 근접해야하고, 반응적 행동을 보여 준다. 학습, 즉 배우고 익히게 된다.

힘들다. 좋은 일은 늘 힘이 든다. 체벌하지 않고 대화를 통해 아이를 가르치는 일이 얼마나 어려운가. 아무리 체벌이 주는 교육적 효과의 과학적 근거가 없다고 말한들 없어지지 않는 이유는 어렵기 때문이다.

칭찬과 격려는 어렵지만 비난과 체벌은 쉽다.

전문성은 좋은 것, 옳은 것을 어렵고 힘들어도 해낼 때 얻어지는 것이다.

그런 의미에서 아이들 가르치는 일을 우습게 아는 이들은 자신의 비전문성을 널리 자랑하는 것에 다름 아니라 생각한다.

내 아이들을
대할 때

○

교사이자 부모, 그리고 남편으로서 자녀 교육을 대하는 나의 태도는 이런 식이다.

나는 아내의 의견을 존중한다. 하자고 하면 그대로 따른다. 영어 도서관도 보내고, 수학 학원도 보낸다. 한자 학습지도 한다. 물론 원칙은 있다. 아이들이 최종 결정을 내린다는 점이다.

학원을 다니지 않고, 학습지를 풀지 않으면 좋다. 고정 지출이 줄어들어 가계에 숨통이 트이기 때문이다. 하지만 하고 싶은 것이 많은 아이들 때문에 늘 허덕인다.

교과 학원보다 예체능의 비중이 높다. 피아노, 태권도, 티볼, 야구, 댄스, 미술 등 방과 후 학교를 포함한 각종 예체능 학원을 한두 개 정도는 지속한다.

연주를 지켜보고, 태권도 승급 심사에 참관을 하며, 함께 캐치볼을 하고, 스트레칭을 하다 보면 아이들이 나보다 잘하는 모습을 보게 된다. 아이들이 아빠보다 나은 점을 확인시켜 주는 것이다.

결과보다 과정, 능력보다 노력에 초점을 둔다. 성적이 좋으면 "정말 열심히 했구나. 힘들지 않았어?"라고 묻는다. 그리고 "아빠도 지고 싶지 않다"고 말한다. 그렇다. 아이들과 나는 선의의 경쟁자다.

무엇을 배웠는지 알려 달라고 아이에게 묻는다. 물론 잘 대답하지 않는다. 괜찮다. 질문이 사고의 방향을 결정하니까. 아이 스스로 '내가 뭘 배웠지?' 생각하게 만들면 그것으로 충분하다.

아이의 일기나 독후감을 읽지 않는다. 어쩌다 편지라도 쓰면 '글씨체, 띄어쓰기, 맞춤법'을 지적하지 않으려고 애쓴다. 다만 내 마음을 울린 구절을 다시 읽어 주며 고맙다고 말하려고 노력한다.

애들이 스스로 하려고 할 때 나서지 않는다. 아이가 하는 일
은 전부 서툴고, 시간이 걸린다. 그때 시선을 다른 데로 옮
기고 내 할 일에 집중한다. 하지만 한 번, 두 번 반복하다 보
면 손에 익게 되고, 시간이 줄어든다.

급한 일이 아니면 하던 일을 멈추고 이야기를 들으려고 애
쓴다. 쉽지 않다. 정말 어렵다. 늘 지금 옆에 있는 이에게 충
실해야 하지만 멀리, 나중에 만날 이를 위해 준비하게 된다.
그래도 잊지 않으려고 노력한다.

아내를 칭찬하고, 격려한다. 어제는 아내의 발에 크림을 발
라 주었다. 뒤꿈치가 갈라진 것을 보고 발에 바르는 화장품
을 사 왔다. 아이들은 항상 아빠가 엄마를 대하는 태도를 지
켜보고 있다. 그래서 아들은 늘 아빠보다 먼저 움직인다. 아
내가 나에게 "물 좀 가져다 줘." 말하면 아들은 나보다 먼저
컵에 물을 담아 들고 온다.

틈나는 대로 책을 읽는 모습을 보인다. 애들이 텔레비전을
틀어 놓아도 한쪽 구석에 책을 펴 놓고 조금이라도 읽는다.
시끄러운데도 집중해서 읽는 것은 쉽지 않다. 반복하다 보

니 어느새 아들도 텔레비전이 켜져 있는데 책을 읽다가 자지러지게 웃게 되었다.

정리해 보면 아이 스스로 할 수 있다고 믿는 것, 나와 똑같은 인격체로 존중하는 것, 그게 내 자녀 교육의 전부다.

교사라는 둑이
무너지면

○

이전 학교에 함께 근무하던 후배 교사와 통화를 했다. 후배 교사는 학교폭력 업무를 맡고 있었는데, 작년 2학기 때만 학교폭력 사건이 일곱 번, 학교폭력위원회가 열린 것만 네 번이었다 한다.

학교폭력이 발생한 학급의 담임은 병가에 들어가셨고, 가해 학생은 학교폭력위원회 결정 사항에 따라 처벌을 받았다. 그러나 처벌을 받았다고 아이가 달라지지는 않았다. 친구들도 교사도 아이를 두려워했다.

아이의 엄마는 오래전에 떠났고 아빠는 집에서 술만 먹는다. 집 안에는 쓰레기가 가득해서 동사무소에서 청소를 해 주었다고 했다. 아이가 교실은 물론 복도에서도 운동화를 신고 다니기에 후배 교사가 물었다.

"왜 신발을 신고 다니니?"
"실내화가 없어서요."

그날 후배는 아이에게 실내화와 실내화 주머니를 사 주었다. 후배는 후회된다고 했다. 같이 밥이라도 먹을 것을. 여러 건의 학교폭력 사건으로 자기 마음에 여유가 없었다며 후배는 자책했다.

부모나 상담자들은 한두 명의 아이들을 만난다. 해결해야 할 문제 상황이 보통 한두 가지에 그친다. 하지만 교사는 여러 명의 상담자가 맡아야 할 일을 혼자 맡게 되는 경우가 다반사다.

해체되는 가정, 사라지는 관계, 혼돈의 국가 교육과정, 업무로 내몰리는 교사. 가까운 선생님들이 지쳐서 그만두고 싶다는 이야기를 한다. 나 역시 마찬가지다.

한 반에 서른 명이 넘는 학교이건 열 명도 안 되는 학교이건 늘 학생은 다수고, 가정의 해체는 보편적이며, 과거보다 미성숙한 채로 학교로 밀려들어오는 아이들은 더욱 늘어나고 있다.

교사라는 둑이 무너지면 어떻게 될까. 아이들이 우리의 미래라면서 이토록 미래에 관심이 없는 사회에서 희망을 찾는 일이 얼마나 지난한 일인가. 그래서 많은 선생님들의 3월을 마음 깊이 응원한다.

계속해서
배우는 까닭

○

참 오랫동안 학교에 다니고 있다. 대학교 4년, 사이버 대학, 교육대학원, 상담심리대학원 석사에 이은 박사 과정까지. 나는 왜 이리 오랫동안 공부를 하고 있을까?

고등학교를 졸업하고, 교대에 진학해서 놀랐던 점은 과목이나 시간이 정해져 있다는 점이었다. 일반 대학과 달리 선택의 여지가 거의 없었다. 고등학교를 더 다니는 건가 싶었다.

교사가 되고 아이들을 만나면서 내가 가진 인간에 내한 지식과 이해의 깊이가 얕다는 것이 단번에 드러났다. 사람을 이해하고 싶었고, 그래서 대학원에 도전했지만 떨어졌다. 역시 실력 없는 사람은 실패가 당연하다 싶었다.

학부부터 다시 공부해야겠다 생각했다. 상담에 대한 기초적인 이해도 없이 대학원 문을 두드린 것이 실수라 판단해서다. 사이버 대학이 생긴 지 얼마 되지 않은 시점에서 나름 열심히 수업을 들었다.

그리고 대학원에 도전했다. 떨어졌다. 다시 도전했다. 또 떨어졌다. 다시 도전했다. 이번에는 붙었다. 뛰어난 사람들 속에 평범한 사람이 공부하는 일은 참 쉽지 않았다. 그럼에도 내가 알고 싶은 것을 알아간다는 점은 재미있었다.

상담과 심리라는 분야에 이토록 많은 학자들이 숨어 있을 줄은 몰랐다. 기껏해야 피아제, 매슬로우, 에릭슨, 블룸, 듀이 정도나 알던 나에게는 충격이었다. 책을 읽으며 사소한 것 하나도 지나치는 법 없이 과학적 연구 방법을 통해 증명해 내려는 수많은 학자들이 있다는 사실은 놀라웠고, 한편으로 감사했다.

부끄럽기 짝이 없는 석사 논문 하나 쓰는데도 이토록 힘이 드는데 저 사람들은 얼마나 많은 노력을 기울였을까 싶었다.

상담심리대학원에서 긍정 심리를 배우면서는 외눈박이 눈으로 사람을 보고 있었구나 싶었다. 인간에 대한 통합적인 이해, 균형적인 시각을 가진다는 것이 무엇인지 생각하게 되었다. 살면서 내렸던 나름의 판단이나 가치가 이론적으로 확인되는 순간 희열이 느껴졌다.

공부를 하면서 '결국 사람은 어쩔 수 없는 존재인가 보다' 했던 절망은 '어쩌면 어쩔 수 있는 존재일지도 모르겠다'는 희망으로 바뀌었다.

예전에 인생의 스승이 대학에 가야 하는 이유를 이렇게 말씀 하셨었다. "대학에 가지 못한 사람들을 위해서, 공부할 수 없는 사람들을 위해서 공부해야 합니다."라고. 어쩌면 바뀌지 않는 현실에 낙담하고, 더 이상 바꾸려 노력하지 않는 사람들을 위해서 공부해야 하는 것이 아닐까 싶다.

배운다는 것은 다른 세상을 경험하는 일이다. 보다 진지하게, 세상을 이성적으로 낙관하는 사람들 속에 들어가는 일이다. 그 배움이 우리를 겸손하게 만들고, 더 배우게 하며, 사람들을 신뢰하게 만든다.

인간성을 덮어 두게
만드는 조직

○

남성성, 여성성으로 논쟁인 지금 우리 사회에서 빠뜨리고 있는 것이 인간성이 아닐까 싶다. 인간성 상실의 시대를 초래한 환경과 인간의 상호작용에 대한 이야기를 해 보려 한다.

학교에는 남자 교사보다 여자 교사가 많다. 그야말로 여초 사회다. 그럼에도 학교는 다른 남초 사회와 비슷하게 권위적이고, 보수적이다. 무엇이 문제인가?

어느 조직이건 지위가 존재한다. 지위는 위계적이며 수직적이다. 위계적·수직적 구조 아래에서 상급자가 되는 과정이 승진이다.

그래서 학교에는 승진 가산점이 존재한다. 승진 가산점을 얻으려면 남들이 하기 힘든 만큼의 업무를 해야 한다.

위계적 조직 문화에서 상급자는 사실 업무 무능력자다(우리나라의 문화적 특성인 것 같다. 특히 학교는 그렇다). 업무 담당자가 빠지면 아무것도 모른다. 그래서 하급자들이 자리를 비우는 일을 두려워한다. 자신의 무능함을 감춰 줄 가림막이 사라지기 때문이다.

우리나라는 오랫동안 가부장적 사회였다. 바깥 일만 하고 자녀의 양육과 가사노동으로부터 벗어나 있던 남성들이 만들어 놓은 승진 구조. 이 구조가 변하지 않았다.

남들보다 먼저 출근하고, 남들보다 늦게 퇴근하는 것이 성실이라고 배웠다. 업무 능력에 더하여 상급자들의 비위를 잘 맞추는 것도 능력이라고 했다. 인사권을 가진 상급자들이 승진 대상자로 지목할 사람은 바로 자신과 같은 삶을 산 사람들. 즉 업무 능력자들인 셈이다.

술 취한 상사의 대리비를 대신 지불하고, 한 말 또 하고 또 하는 상사의 술주정을 들어주느라 집에서 기다리는 아이들을 외면해야 했다.

개인의 희생을 밑거름 삼아 조직의 성장을 꾀하려는 구태의연한 조직 문화. 그 속에서 5년, 10년, 20년, 30년을 살아남아야 한다. 그런 조직의 남성이 상급자건 여성이 상급자건 무슨 차이가 있겠는가.

사람이 자리를 만들기도 하지만, 자리가 사람을 만들기도 한다. 교사인 내가 한 상담을 녹음하여 축어록*으로 풀어볼 기회가 있었다. 나는 상담자라기보다 교사에 가까웠다.

개인이 환경에 미치는 영향도 크지만, 환경이 개인에게 미치는 영향도 크다.

---

* 축어록 : 상담하는 이와 받는 이가 주고받은 음성 녹음이나 영상 녹화를 문자로 옮긴 것. 나눈 이야기뿐만 아니라 침묵, 표정 등도 담는다.

수업과 생활지도보다
더 중요한 게 있을까

○

동기 대부분이 인천으로 발령받고 나와 내 동기 한 명만 경기도로 발령이 났다. 학교생활은 힘들고 괴로웠다. 교사로서 수업과 생활지도보다 업무가 더 중요하고 선배 교사들과 관계를 잘 맺으려고 애써야 한다는 걸 받아들이기 어려웠다.

경력이 쌓일수록 수업과 생활지도는 어렵고, 업무는 쉬워졌다. 업무가 수업과 생활지도보다 중요했으니까. 아니, 어쩌면 지금도 학교는 수업과 생활지도보나 업무가 중요한지 모른다.

교사들은 업무를 싫어한다. 교사는 수업과 생활지도를 위해 존재한다는 것을 교육대학, 사범대학 생활 내내 배웠다. 그것만이 교·사대 교육과정의 전부였나.

업무를 싫어하는 교사. 아니, 수업과 생활지도를 해야 하는 교사에게 업무를 주어야 하는 학교. 그래서 교육부와 교육청은 교사들에게 부장 점수를 주고, 승진 가산점을 부여한다. 승진 가산점. 즉, 교감과 교장이 될 자격증을 따도록 길을 열어 준다.

이상하지 않나? 수업과 생활지도의 전문가가 아닌 업무 전문가가 교감이나 교장이 된다는 사실이. 학교폭력의 최일선에 교사로서 전문성을 인정받은 교감이나 교장이 있는 것이 아니라, 기간제 교사나 경력이 낮은 교사들이 서 있다는 사실이 참 기막히지 않은가?

수업과 생활지도를 잘하시는 분이 교감, 교장이 되기도 한다. 하지만 승진 가산점 제도를 조금만 살펴보면 알 수 있다. 수업과 생활지도 전문가보다 업무 전문가가 교감, 교장이 될 가능성이 더 많다는 사실을.

2급 정교사 시절부터 부장 교사를 했던 나는 수업을 잘 못한다. 생활지도도 마찬가지다. 그 미숙함, 부족함을 메꾸기 위해 책을 읽고, 공부를 지속해야 했다. 하지만 그 공부를 지속하는 과정에서 걸림돌은 늘 업무였다.

왜 승진 가산점을 부여할까? 왜 업무가 사라지지 않을까? 업무하느라 힘들었다는 분들이 왜 침묵하고 있을까? 나는 늘 이 점이 의문이었다.

수업과 생활지도에 전념할 수 있는 학교를 꿈꾼다고 말하는 수많은 선배들이 왜 침묵하고 있을까?

교사의 정체성은 수업과 생활지도에 의해 결정된다. 그것이 학생을 건강하게 성장시키는 유일한 방법이다. 그것이 교사가 존재하는 이유다. 그렇다면 교원 단체는 개인이 아닌 집단으로서 교사의 정체성이 흔들리지 않도록 도와야 한다. 그것이 교원 단체가 존재하는 이유라고 나는 생각한다.

승진 가산점 폐지에 반대하는 교총의 성명을 읽고 가슴이 답답했다. 교총에 있는 수많은 훌륭한 교사들의 바람이 얼마나 반영된 성명일까? 과도한 업무로 인해 수업과 생활지도를 소홀히 하게 되어 죄책감을 느끼는 교사들의 목소리에는 얼마나 귀를 기울였을까?

수업과 생활지도의 전문가이신 교장·교감 선생님들이 앞장서 불필요한 업무를 없애고, 돌봄이나 방과 후 혹은 학교폭력 같은 업무를 담당해 주신다 하면 교사들이 얼마나 좋아할까? 하지만 현실은 교사에게 민원을 미루고, 업무를 떠넘기는 분들이 많다. 과거에도 그랬고, 지금도 그렇고, 앞으로도 그럴 것을 알기에 절망스럽다.

다행히 경기도 교육청은 내부형 교장 공모제를 확대하고 승진 가산점을 폐지하겠다고 발표했다. 도교육청의 기득권을 포기하는 것이다. 그들이 하고자 하는 정책을 일선 학교에서 따르도록 하려면 업무를 지시할 관리자의 임명권, 관리자를 양성하는 과정을 쥐고 있어야 하기 때문이다. 그걸 포기한다는 것은 교육부나 도교육청에서 주도하는 사업을 포기하고, 일선 학교의 교육과정 자율성을 보장하겠다는 것이며, 더 이상 학교 교육과정이 교육청이나 교육부에 의해 흔들리지 않는 환경이 만들어질 것이라는 기대를 갖게 한다.

일개 교사로서 이러한 변화에 찬성하는 이유는 딱 한 가지. 교사로서 수업과 생활지도에 전념할 수 있는 환경이 만들어진다는 것. 그렇다면 그 혁신에 힘을 실어 주고 싶다. 그것이 한 명의 아이도 포기하지 않는 교육의 출발이 될 테니까.

거지 같은
아이

○

좋지 않은 지능을 타고난 덕분에 무엇이든 시간이 걸렸다. 책을 읽지 못했다. 하도 이사를 자주 다닌 데다, 반지하 등을 전전하던 우리 집 형편에, 있는 책이라고는 문고판 책 몇 권과 교과서뿐이었다.

좀 먼 친척 친구 집에 놀러 간 적이 있었다. 친구는 자기 방이 있었고, 방에는 책장 가득 책이 있었다. 신세계였다. 하룻밤 신세를 지며 나는 책을 읽고, 또 읽었다. 어머니가 오셨고, 어머니는 나를 데리고 친구 집을 나왔다. 어머니의 안색이 좋지 않았다. 차마 여쭤 볼 수 없을 정도로 불쾌한 표정이셨다.

훗날 성인이 되어서 알게 되었다. 친구의 어머니는 내 어머니가 보는 앞에서 친구에게 이렇게 말씀하셨다고 했다.

"거지 같은 집 애랑은 놀지 마라."

거지 같은 집 아이. 스무 살이 넘어서 그 말을 들었음에도 가슴에서 격분이 일어났다. 거지 같다니, 누가 누구에게 거지 같다고 하는 거야? 아니, 사실 맞다. 그만큼 가정 형편이 어려웠으니까. 하지만 가정 형편이 어렵다고 과연 사람의 인격도 궁핍한 걸까?

대학 시절 별명이 '오백 원'이었다. 이래저래 수중에 갖고 있는 돈이라고는 오백 원뿐. 연애를 하는 것도 쉽지 않았다. 꼴에 자존심은 엄청 셌다.

철딱서니라고는 1도 없고, 없는 돈에 술 마시고 당구도 쳤다. 일하느라 바쁘신 아버지 덕분에 가족여행이라고는 명절 때 시골 가는 것이 전부였다. 그래서 대학에서 가는 엠티는 모조리 쫓아 다녔다.

거지 같은 집 아이여서 그랬는지 모르겠다. 대학 시절 선배가 데리고 가 준 전통찻집, 연합 엠티 때 처음 가 본 콘도, 동기 엠티를 위해 사전 답사를 다녔던 일 등 거지 같은 집 아이는 모든 게 처음이었다.

거지 같은 집 아이가 커서 교사가 되고, 결혼을 하고, 아이를 낳고, 책을 썼다. 그때는 몰랐다. 나이 마흔이 훌쩍 넘어서 이런 삶을 살게 될 줄은.

우리 반 아이들의 형편도 그리 좋지는 않다. 소위 학구가, 부모의 사회경제적 지위가 낮은 편이다. 하지만 그게 뭐 대수인가? 정말 중요한 것은 '거지 같은 집 아이'라고 사람을 함부로 말하는 사람이 되지 않는 것이 아닐까?

사람은 변하기 마련이다. 언제 어떤 계기로 변할지 모른다. 따라서 함부로 사람을 평가해서는 안 된다. 사람은 누구나 실수를 할 수 있고, 그 실수가 기회가 되어 성장할 수도 있다.

하지만 그 실수의 순간 사람들은 어떻게 해야 할지 모른다. 그때 손잡아 주고, 더 나은 방향을 알려 줄 사람이 필요하다.

거지 같은 아이가 더 이상 거지 같지 않을 수 있는 길을 알려 줄 사람이 필요하다. 그 손을 잡고 함께 거지 같지 않은 길을 걸어 줄 사람이 필요하다. 그런 사람이 많은 세상이 되었으면 좋겠다.

내 아이들을
가르치는 원칙

○

"선생님의 자녀는 어떻게 가르치시나요?"
"학교에서 가르치듯 집에서도 그렇게 가르칩니다."

아니다, 거짓말을 했다. 나는 학교에서 가르치는 만큼 집
에서 가르치지 못한다. 집에서는 부모고, 학교에서는 교사
니까.

내 아이들은 나를 닮아서인지 머리가 그다지 좋지 않다. 유
전자의 힘은 강력하다. 따라서 초기 경험이 중요하다. 무엇
이건 초기에 좌절을 경험하면 포기하기 쉽기 때문이다. 물론
생전 처음 한 과제에 너무 손쉽게 성공하는 것도 문제이긴
하다. 하지만 나는 단 한 번도 그런 경험을 해 본 적이 없다.

따라서 세 가지를 중요하게 생각했다.

첫째, 아이에게 중요한 결정은 아이 스스로 내리도록 할 것
(물론 성숙의 수준에 따라 내려야 할 결정도 달라진다).
예를 들면 셔츠의 단추 꿰기 같은 것들. 단추 하나 꿰는 데
5분 이상 걸리는데 그냥 두었다. 여섯 개 중에서 아래 두 개
를 제외한 네 개의 단추를 꿰는 데 30분이 걸렸고, 아이는
땀을 흘리면서도 끝까지 해냈다. 단추 꿰기, 장보기, 요리하
기, 설거지하기, 세탁기 돌리기, 청소기 돌리기, 통장 만들
기 등 해 보고 싶다는 것은 다 해 보도록 했다.
학원도 마찬가지였다. 다니고 싶은 학원에 대해 이야기하
고, 스스로 결정을 내리면 지원해 주었다. 피아노, 플루트,
태권도, 미술, 야구, 영어, 수학…. 학원을 끊겠다고 말하기
를 기다리지만 아직 소식이 없다.

둘째, 능력이 아니라 노력, 결과가 아니라 과정에 더 시선을
둔다.
성적이 좋을 때나 나쁠 때나 일관되게 묻는다. "힘들지 않았
어?" "정말 열심히 했겠다." 아빠는 노력하는 사람을 좋아한
다고 말해 준다.

아이에게 아빠가 노력하는 모습을 보여 주는 일은 어렵다.

주말 아침마다 일어나 운동하고 오기. 집을 나설 때 신발 정리해 두기. 밥 먹고 설거지하기. 분리수거하기. 세탁기 돌리기. 건조기 돌리기. 건조된 빨래 개서 넣어 두기. 흑마늘 만들어 선물하기. 더치커피 만들기. 아내 커피 타 주기. 아내에게 풋크림 발라 주기 등.

건강한 삶을 위해, 화목한 가정을 위해 어떤 노력을 해야 하는지 보여 주려고 노력한다. 그래서 아이들이 스스로 공부를 하거나, 집안일을 할 때 꼭 고맙다고 말하고 아빠도 더 열심히 하겠다고 말한다. 우린 동지니까.

셋째, 칭찬은 공개적으로, 비판은 개별적으로.
가족끼리 밥 먹을 때 칭찬하려고 노력한다. 서로 잘한 일, 고마운 일에 주의를 기울이게 되고, 밥을 다 먹고 치울 때도 금방하게 된다. 마음이 가벼우니 행동도 빨라지기 마련이다.

지적할 일은 따로 불러서 눈을 보고 말한다. 서운하거나 속상한 점에 대해 나의 감정을 말하고 원하는 행동을 전달한다. 물론 지적할 일이 생기자마자 울 때가 있는데, 꼭 안아서 진정을 시킨 후 이야기를 나눈다.

아내와 약속한 것이 있었다. 서로의 꿈을 이룰 수 있도록 서로에게 든든한 버팀목이 되자는. 아내도 나도, 그리고 아이들도 자신이 가진 가능성을 최대로 피워낼 수 있도록 서로 도우며 살려고 노력한다. 그것이 아이들을 양육하는 가장 중요한 원칙이다.

어떤 교사가
되고 싶었냐면

○

지난 주 국어 시간에 아이들에게 자기 꿈이 뭔지 생각해 오라고 했다.

백만장자, 게임 스트리머, 개 조련사, 웹툰 작가 이야기가 나왔다. 왜 그 꿈을 꾸는지 물어보다 행복과 돈의 상관관계에 대한 아이들의 날카로운 토론이 이어졌다.

행복해지려면 돈이 필요하지만 돈이 전부는 아니다. 좋아하는 음악을 듣거나 책을 읽어도 행복하다는 아이들의 이야기에 괜히 입 꼬리가 올라갔다. 다음엔 내 꿈을 이야기할 차례였다.

내 꿈은 아이들이 깊게, 넓게, 멀리 볼 수 있게 가르치는 교사가 되는 것이다. 어릴 적의 나는 하고 싶은 일도 하고 싶지 않다고, 갖고 싶은 것도 갖고 싶지 않다고 말해야 했다. 가정 형편이 그랬으니까.

그래서 자격지심이 컸다. 그런 나를 존중하는 어른이 있었다. 어머니와 같은 종교를 가진 삼십 대 청년이었다.

가진 것도 없고 철딱서니 없는 어린 아이에게 고개를 숙이고 인사하는 어른. 열다섯이나 위임에도 존댓말을 쓰는 사람. 15년 동안 음악을 했으나 성공하지 못한 사람. 새로운 직업을 찾아서 일을 배우면서도 밴드 활동을 놓지 않았던 사람. 매일 한 쪽 이상의 책을 읽고, 만날 때마다 책을 권하며 소개해 준 사람. 공사장에서 일을 하면서도 옥탑방 한쪽 벽이 책으로 가득했던 사람.
나는 온 마음을 다해 나를 존중하고 함께 성장하려고 했던 분을 만났다. 그분을 통해 사람을 대하는 태도를 깊이 배웠다.

사람을 깊게 이해하고, 세상을 넓게 바라보며, 인생을 멀리 생각할 줄 아는 사람. 그런 사람으로 아이들이 성장하기를 바란다면 그분처럼 아이들을 대해야 하지 않을까 생각했다.

그런 마음으로 면담을 했고, 손 편지를 썼고, 아이들 생일날 부모님께 격려의 메시지를 보내 드렸으며, 스승의 날에는 학교에서 아이들을 위해 음지에서 노고하시는 분들에게 감사함을 표하도록 했다.

어떤 교사가 되고 싶었냐면, 그분처럼 어떤 시련에도 지지 않고, 배움을 놓지 않으며, 누구에게나 마음을 다해 존중하는 태도를 잃지 않는 그런 교사가 되고 싶었다.

그래서 아이들을 깊게 이해하고, 세상을 넓게 바라보며 편향되지 않으며, 나와 아이들의 인생을 멀리 보고 지금을 살아가고 싶었다. 아이들과 함께 그런 삶을 살고 싶다고 이야기했다.

생활지도,
다섯 가지만 기억하자!

○

생활지도와 학교폭력 때문에 밤잠 못 이루는 선생님들이 많으실 줄 안다. 학교폭력 예방을 위한 학생 생활지도 연수에서 했던 이야기를 여기에 옮겨 본다. 조금이라도 도움이 되셨으면 좋겠다.

꼭 기억해야 할 다섯 가지를 먼저 말씀드리고자 한다.

첫째, 인간에게는 누구나 거울뉴런*이 있지만, 누구나 잘 작동하는 것은 아니라는 사실.

* 거울뉴런mirror neuron : 공감과 관련된 신경세포.

왜 그러한가. 상호작용의 양과 질 때문이다. 거울을 떠올려 보자. 인류가 처음 마주한 거울은 청동이었다. 청동거울은 매일 닦아야 했다. 아침저녁으로 닦지 않으면 얼굴이 제대로 비치지 않기 때문이다.

사람의 거울뉴런도 마찬가지다. 건강한 타인과의 신체적·인지적·정서적 상호작용. 오로지 이것에 의해서만 거울뉴런은 그 기능을 다한다.

따라서 부모가 자녀와 함께 하는 시간을 보장하고, 교사가 수업과 생활지도에 전념하도록 대대적인 업무 경감을 해야 한다. 미성숙한 아이가 성숙한 타인과 상호작용할 수 있는 시간과 공간을 제공하는 것이 아이의 성장을 촉진하는 가장 근본적인 해결책이기 때문이다.

누구에게나 거울뉴런이 있다는 것. 이것은 내가 그 어떤 문제아도 변화가 가능하다고 여기는 과학적 근거다.

둘째, 부모 양육 태도 중 가장 최악은 이중 구속*이라는 사실.

---

* 이중 구속Double bind : 모순되거나 서로 용납되지 않는 방법으로 해석될 수 있는 두 가지 이상의 메시지를 전함으로써 그 메시지를 받은 사람이 제대로 응답할 수 없게 하는 것.

부모의 태도가 이러하면 아이는 불안하다. 아이가 다가오면 왜 다가오느냐고, 멀어지면 왜 멀어지느냐고 하는 식이다.

교사와 부모의 생활지도 방식은 일관되어야 한다. 3월 담임 소개서에 학생 지도의 원칙을 상세히 밝히고, 매월 보내는 학부모 편지에 수업과 생활지도의 바탕이 되는 철학과 이론을 꾸준히 소개하는 까닭이 여기에 있다.

아이들 생활지도를 하면서 가장 힘들 때는 부모가 교사와 다른 이야기를 할 때다. 나는 아이들에게 학교란 "때리고 싶어도 때리지 않고, 욕하고 싶어도 욕하지 않기 위해서" 다니는 곳이라고 이야기한다. 하지만 어떤 부모들은 한 대 맞으면 두 대 때리고 오라고 한다.

아이들은 혼란스럽다. 교사의 말을 따르자니 부모의 말이 가슴에 걸리고, 부모의 말을 따르자니 교사의 말이 마음에 남는다. 이 혼란은 아이의 불안과 우울을 가중시킨다. 결국 미성숙한 아이를 더욱 미성숙한 존재로 만드는 원인이 되는 셈이다. 따라서 교사와 학부모의 생활지도 방식이 일관되어야 한다.

셋째, 사람은 한 번에 변하지 않는다는 사실. 아이들도 칭찬 한 번에 변하지 않는다. 잔소리 한 번에 변하지 않는다. 칭찬도 잔소리도 적절한 원칙에 따라 반복되어야 한다. 그 일관성이 아이를 안정시킨다.

칭찬과 야단에도 원칙이 있다.
능력보다 노력, 결과보다 과정, 되도록 공개적으로 칭찬을 한다. 행위의 지속성과 실패에 대한 두려움의 해소, 부정적인 자기상을 바꿔 줄 수 있는 기회를 제공한다는 측면에서 이 원칙은 매우 중요하다.

노력하지 않을 때, 비도덕적일 때만 야단을 친다.
나는 학기 초 다양한 학급 규칙을 만들지 않는다. 규칙은 행위에 제한을 가하는 특성이 있고, 여러 가지 규칙이 생기면 이를 기억하고 행동으로 옮기는 데 써야 하는 에너지가 너무 크다. 학습 능력이 또래에 비해 덜 발달한 아이들일수록 부담스럽고 실패할 가능성이 높아진다.

나는 아이들이 가진 재능을 모른다. 그 어떤 검사로도 인간의 재능을 전부 밝혀내지 못한다. 오로지 아이들 자신만이 확인할 수 있다. 따라서 노력해야 한다. 노력하는 것이 자신이 가진 가능성을 확인하는 유일한 수단이니까.

노력하지 않는 것은 스스로가 가진 가능성을 확인하지 않겠다는 뜻이고, 결국 자신을 포기하는 것으로 여기게 된다. 이를 다르게 설명하면 "자신의 성장을 스스로 가로막거나, 성장에 도움이 되는 일을 거리끼는 행위"라고 할 수 있다. 따라서 교사는 아이가 자신을 포기하지 않도록 칭찬하고 격려하되, 때로는 야단도 쳐야만 한다.

넷째, 단 한 가지만으로 사람은 변하지 않는다는 사실. 아이의 일상과 관련된 모든 영역의 모든 수단을 다 동원해도 바뀔까 말까다. 식사, 수면, 운동, 독서(공부), 대화(놀이). 아침에 눈을 뜨고 밤에 눈을 감는 순간까지 건강하고 리듬 바른 생활을 하도록 안내하고 가르치고 연습시킨다.

골고루 먹도록, 꼭꼭 씹어 먹도록, 사탕이나 젤리 같은 GI지수가 높은 음식 대신 GI지수가 낮은 아몬드 같은 견과류를 간식으로 준다. 빠르게 올라간 GI는 빨리 낮아지게 되고, 이것을 신체가 패턴으로 인식하면 밥 대신 군것질, 특히 GI지수가 높은 음식만 먹으려고 하며 이는 주의산만과 정서불안의 원인이 되기 때문이다.

잠이 오지 않는 밤 숙면을 위해 신체 내부의 온도를 올렸다가 떨어뜨리기 좋은 족욕을 알려 준다. 심부체온, 즉 체내 체온이 올라갔다가 떨어지면서 부교감신경이 활성화되고 이것이 논렘 수면*으로 이끌어 주기 때문이다.

체내의 혈류량, 혈류 속도를 높여 주는 운동을 꾸준히 시킨다. 쉽게 말해 숨이 찬 운동을 반복하는 것이다. 이것은 우리 뇌의 혈류량도 증가시키므로 인지기능을 높여 주고, 피로회복 시간을 줄여 준다.

책을 읽고 생각과 감정을 나누는 모든 활동이 바로 수업이다. 글 속에 담긴 사람들의 생각과 인생, 감정을 교실이라는 한 공간에 있는 모든 사람이 함께 경험하는 것이 수업이다. 따라서 수업은 아이의 성장을 촉진한다.

다섯째, 관점을 바꾸어야 한다는 사실. 부정적 자기상을 가진 아이들은 자신은 물론 타인도 부정적으로 바라본다. 이들의 특징은 크게 두 가지로 나뉜다. 먼저, 이전의 나와 지금의 나를 비교하는 대신, 나와 남을 비교한다. 늘 남이 먼저 시비를 걸었고, 남보다 내가 낫다. 다음으로, 남을 칭찬하는 데 인색하고, 비난하는 데 익숙하다. 칭찬하려면 관찰이 필요하고, 관찰은 관심을 필요로 한다. 노력과 과정에 대

---

* NREM sleep : 렘 수면의 반대말. 정상 수면 상태. 하룻밤 수면의 80퍼센트를 차지한다.

한 칭찬을 하루에 한 명씩 공개적으로 하도록 이끈다.

이것 말고도 많은 것들이 있겠지만 가장 중요하다 싶은 다
섯 가지를 정리해 보았다. 작은 도움이라도 되길 바란다.

〈실천교육교사모임〉에서
꿈꾸는 것들

○

내 꿈은 세계 최고의 교원 단체를 만드는 것이다.

어릴 적부터 교사가 되는 것이 꿈이었다. 좋은 교사는 저절로 되는 것이 아니다. 20대에 시작된 교사 생활이 어느덧 40대 중반을 향하는 지금. 여전히 모자라고, 부족하고, 미숙함 투성이다.

수업보다 업무가 우선시되는 학교, 교사로서 정년을 맞이하는 것을 폄훼하는 학교, 교실 밖 사람들의 목소리를 중시하는 교육부와 교육청. 교사 개인이 마주하는 견고하고 거대한 옹벽들 한가운데에 홀로 서 있는 느낌.

교감이나, 교장이 되어서. 혹은 장학사나 연구사가 되어서 교육을 바꾸겠다는 수많은 선배들. 그들의 노력이 물거품이 되는 장면을 계속 목격하게 되었다. 무엇이 문제일까?

계란으로 바위치기? 아니다. 흩어진 개인이 문제였다. 개인은 흔들리고, 흔들린 생각은 행동을 바꾸고, 다시 원점으로 돌아가게 한다. 그럼, 어떻게 해야 할까? 모여야 했다.

어디에, 어떻게 모일 수 있나? 이미 존재하는 단체 어디도 이 조건을 충족하는 곳은 없었다.

〈실천교육교사모임〉이 시작된 것은 우연이었다. 권재원 선생님의 책 『학교라는 괴물』을 읽은 사람들이 한자리에 모였다. 사실 그 누구도 교원 단체를 꿈꾸고 모인 사람은 없었다. 사람들이 모이고, 모인 사람들이 또 사람을 모았다. 사람들이 모인 이유는 딱 하나. 그들과 내가 다르지 않음을 확인했고, 확인하고 싶어서였다. 그들이 꿈꾸는 교육과 내가 꿈꾸는 교육이 다르지 않음을. 교사로서 학생을 온전히 마주하는 교실을 만들고 싶다는 소박한 바람. 그것이 우리에게 얼마나 절실한 꿈인지를.

그 꿈을 이루기 위해 〈실천교육교사모임〉이 존재한다. 그걸 어떻게 아느냐고? 지난 3년간 〈실천교육교사모임〉이 발표

한 성명, 개최한 행사, 언급된 기사들을 살펴보면 된다. 단 3년 만에 〈실천교육교사모임〉의 정체성은 이 점 하나로 귀결된다.

교사로서 온전히 학생을 마주하는 교실 만들기

교육은 사회 복지의 시작이고, 계층에 따른 차이를 극복하게 하는 합의된 합법적 수단이다. 교육에 의해 인간이 경험하는 삶의 질이 달라지고, 이는 평생에 걸쳐 개인에게 영향을 준다. 행복은 성적순이 아니지만, 교육은 행복에 반드시 영향을 준다.

따라서 교육 내용과 교육 방법에 대한 사회적 논란은 주지의 관심사다. 문제는 교육 내용과 방법을 결정하는 권한이 교사에게 없다는 것이다.

책으로 농사를 공부한 사람과 농사 경력이 십 년 이상 된 사람 중 누구의 이야기에 귀를 기울여야 할까? 현장에서 아이들과 마주하며 알게 되는 교육 관련 변인들. 이 변인의 경중이 시간과 공간에 따라 달라진다는 것을 아이들을 마주하는 교사들보다 잘 아는 사람이 어디에 있을까? 프랑스에서 아이를 키운 학부모인가? 아니면 이미 인지, 정서, 신체 발달이 완성된 성인을 가르치는 대학 교수들인가? 그것도 아니면 다양한 발달 단계에 머물러 있는 아이들을 마주하는 현장 교사들인가?

그러나 교사들의 목소리는 들리지 않는다. 아니, 들으려 하지 않는다. 왜? 침묵했기 때문이다. 사실 침묵하지 않았다. 하지만 침묵과 다르지 않았다. 사실상의 침묵인 셈이다.

민주주의에 대한 이해가 부족했기 때문이 아닐까 싶다. 민주주의 사회에서 집단에 의해 침해받은 개인의 권리를 보호하는 일은 매우 어렵다. 그래서 개인은 다른 집단에 의존하지만, 의존할 집단을 만나는 일은 더욱더 어렵다.

집단을 만들거나, 믿을 수 있는 집단을 찾아내고 키우는 것 말고는 방법이 없다. 〈실천교육교사모임〉은 그래서 나에게 중요하다.

집단에 의해 침해받은 교사로서의 중요한 권리. 수업에서 학생을 온전히 마주할 권리를 지키기 위한 노력을 지속하기 때문이다.

세상이 바뀌지 않는다고 한탄만 하기에는 시간이 너무 아깝다. 내가 만나는 아이들이 안쓰럽다. 윤리나 도덕을 배우는 이유는 학교에서 배운 윤리나 도덕이 현실과 같아서가 아니다. 그 윤리나 도덕을 현실로 만들기 위해 배우고 실천해야 함을 배우는 것이다.

어릴 적 교사에게 실망하고, 어른들에게 실망하고, 선배들에게 실망하고, 친구들에게 실망한 적이 많았다. 어쩌면 나역시 누군가에게 크게 실망을 안긴 적이 많았을 것이다. 하지만 사람은 변화한다. 더불어 사회도 변화한다. 변하지 않을 것 같던 사회가 조금씩 조금씩 앞으로 나아간다.

한 사람의 백 보 전진보다 백 사람의 일 보 전진이 어렵다. 사회의 진보가 그래서 어렵다. 결국 사람과 사람이 마주하는 일 대 일의 대화에서 사회 변화는 시작될 수밖에 없다. 그런 사람들이 모이고, 또 모여서 이야기를 나누고, 마음을 나누는 일을 반복하고 또 반복할 때 사회는 조금씩 앞으로 나아간다. 〈실천교육교사모임〉의 발전을 비는 까닭이다.

이 모임에는 학부모도 계시고, 대학생도 계시고, 교사와 장학사, 연구사, 교육감도 계신다. 나이, 소속, 직업, 성별, 종교를 떠나 〈실천교육교사모임〉이라는 이름 아래 인간의 행복을 위한 교육을 하고 싶다는 바람과 실천을 다짐하는 그

마음이 세계 최고의 교원 단체를 만들어 내는 바탕이 될 것
이다.

3부

내가 깃들고 싶은 교실은

아이는 외롭다.
아이의 환경을 이해하지 못하는
교사로부터 떨어져 외롭고,
아이의 마음을 읽어 주지 못하는
부모로부터 떨어져 외롭다.
아이들이 외롭지 않았으면 좋겠다.
아이들 옆에 부모가 있고,
친구가 있고,
교사가 있다는 사실을
기억했으면 좋겠다.

아이들에게
물려주고 싶은 것

○

팔순이 넘은 할머니께서 말씀하셨다.

"저의 올해 목표는 한글을 떼는 거예요."

그해 말. 할머니는 한글을 떼셨다. 그리고 다음 목표를 말씀하셨다.

"저의 올해 목표는 1백 쪽이 넘는 책을 다 읽어 보는 거예요."

그해 12월. 할머니께서 말씀하셨다.

"저, 드디어 책을 다 읽었어요."

생각했다.

할머니가 보여 주신 삶의 태도.

나이 따위 개의치 않고 배우려는 삶의 태도.

그것을 전해야겠구나.

나도 그것을 실천해야겠구나.

나이가 들어도 누구에게나, 어디에서나 배우려는 삶의 태도
를 놓치지 않는 것.
내 아이들에게 꼭 물려주고 싶은 유산이 있다면 이것이다.

칭찬과 격려를 가르치는,
학교폭력 없는 교실

○

해마다 아이들과 해 보는 수업이 하나 있다. 타인을 칭찬이 나 격려해 보기. 한 명, 두 명, 세 명… 칭찬을 이어 가다 보면 아이들은 더 이상 칭찬할 것이 없음을 곧 알아챘다.
그럼, 비난은 어떨까? 비난할 것은 넘쳐난다. 그래서 칭찬이나 격려는 가르쳐야 한다.

훌륭한 리더는 개개인의 장점을 잘 파악하여 적재적소에 인재를 등용한다. 하지만 장점은 단점에 가려지기 쉽다. 왜 그럴까? 감각적 사극의 강노가 약하기 때문이다.

욕을 듣거나 폭력을 목격했을 때 우리의 교감신경은 활성화된다. 반면 중성적 자극이나 긍정적 반응에 노출되었을 때는 부교감 신경이 활성화된다. 즉 신체적 변화의 강도가 부정적 자극에 더 민감하다는 뜻이다.

어린아이들은 고마움을 모른다. 그래서 가르친다. 부모님의 고마움, 선생님의 고마움, 택배 아저씨의 고마움, 경비 아저씨의 고마움, 보이지 않는 곳에서 우리를 위해 애쓰시는 수많은 분들의 고마움을 가르치지 않으면 아이들은 모른다. 그 개개인의 삶이 우리에게 어떤 영향을 주는지 가르쳐야 한다.

그 고마움을 생각하고, 느끼고, 경험하게 해야 한다. 우리가 사회를 이루고 사는 이유, 개개인의 삶이 서로 어떻게 연결되어 있고, 그 연결이 내 삶을 지탱하게 만드는 중요한 의미가 있음을 깨닫게 해야 한다.

물론 고마워할 줄 모르는 성인도 매우 많다. 이들은 타인의 장점을 볼 줄 모른다. 타인의 존재가 얼마나 고마운지 모른다. 배워 보지 못했기 때문이다.

학교폭력을 예방한다고 아이들에게 서로의 말과 행동이 학교폭력인지 아닌지 감시하라고 만드는 사회. 아이들은 어디서, 누구에게 사람이 가진 장점을, 타인의 고마움을 배우고 느끼고 생각할 수 있을까?

학교學校라는 낱말을 잘 들여다보자. "자연〔木〕 속에서 친구와 우정을 만드는 법〔交〕을 배우는〔學〕 곳"이라는 뜻이다. 학교는 서로 좋은 벗이 되는 법을 배우고 평생 가까이에 두고 오래 사귈 벗을 만드는 곳이어야 한다.

학교폭력의 사례를 두고 더 강력한 처벌을 원하는 글들을 마주한다. 처벌이 끝난 후 사회로 돌아온 아이들은 우리 사회의 어떤 구성원이 될까? 그들이 우리 사회의 불안 요소로 크게 자리 잡아 우리의 미래를 더욱 불안으로 몰고 가지 않을까?

학교라는 공간. 유·초·중등 교육이 가르쳐야 할 가장 핵심 중 하나는 학교폭력이 아니라 우정이다. 그것이 학교폭력을 근본적으로 예방할 수 있는 유일한 길이다. 교실에서 우리 반 아이들에게 가르치는 핵심 중 하나가 이것이다.

발달에 따라
생활지도는 다르게

○

감정을 읽어 주되, 행동은 통제하라.

왜 감정을 읽으라고 하는지는 흥분한 사람을 떠올려보면 쉽게 수긍이 될 것이다. 화가 머리끝까지 난 사람에게 무슨 일이냐고 물어봐야 자신이 왜 화가 났는지 설명을 듣기 어렵다. 편도체가 전두엽을 압도한 상태이기 때문이다.

그럼, 감정만 읽어 주고 행동을 부모가 통제하면 될까? 어린아이의 경우, 경험치가 워낙 낮아서 적절한 행동을 선택하지 못한다. 그래서 부모는 아이에게 시범을 보이고, 아이는 따라하며 배운다. 어린이집, 유치원 교사가 힘든 이유가 여기에 있는 것 같다.

한 명, 한 명에게 손은 어떻게 씻는지, 양치는 어떻게 하는지, 밥을 먹을 때는 어떻게 해야 하는지, 줄을 설 때는 어떻게 하는지 셀 수 없이 많은 것들을 따라 배우도록 해야 한다. 교사 1인당 아동의 수가 적어야 하는 까닭이 여기에 있다.

그런 시기를 지나 학교에 가면 아이들은 궁금해진다. 왜 교실에서 조용히 해야 하지? 왜 복도에서 뛰면 안 되지?

아이는 그런가 보다, 생각하지 않고 왜 그래야 하는지 궁금해 한다.

이때가 중요하다. 아이가 질문할 때마다 귀찮고 짜증나지만 차분히 까닭을 설명해 주면 아이는 이해하고 스스로 행위를 '결정'한다. 자율성이 주어지는 것이다. 행위 통제의 주도권을 넘기는 시기인 셈이다.

아이가 부모의 설명을 이해할 수 있을 만큼 성장했기 때문이기도 하다.

그럼, 모든 초등학생 아이들에게 까닭을 설명해 주면 다 이해하고 잘 따를까? 이는 맞기도 하고 틀리기도 하다. 아이들마다 부모와의 상호작용 경험치가 선부 다르고, 발달의 속도도 다르기 때문이다.

영유아기와 아동기는 발달의 속도가 다르다. 발달 곡선이

차츰 완만해진다. 다양한 발달 수준에 있는 아이들이 한 연령내에 모여 있을 가능성이 높다는 것을 의미한다.

따라서 아이가 어릴수록 교사는 아이들 가까이 있어야 하고 반응적이어야 한다. 물론 부모는 말할 것도 없다.

조금 더 자라 청소년기에 접어드는 아이들은 어떻게 행동해야 하는지, 왜 그래야 하는지 알고 있다. 하지만 행동을 통제하지 못한다. 일종의 "감정맹" 같다. 왜냐고? 전두엽이 재건축 중이기 때문이다. 그래서 쉽게 흥분하지만 흥분했다고 인식하지 못한다.

문제 행동을 지적하면 아이의 낮은 스트레스 역치 수준 때문에 맞서 싸우거나 도망을 가 버리기 일쑤다. 따라서 고학년 아이들에게는 자신의 감정을 인식시키는 것이 우선인 것 같다.

모든 고학년, 혹은 청소년기 아이들에게 감정을 인식시키면 스스로 행동을 조절하느냐고 묻는다면 "글쎄…"라고 답할 수밖에 없다. 아무리 전문가라도 아이의 발달을 쉽게 판단할 수 없기 때문이다.

정리해 보자. 훈육의 목적은 부모나 교사가 없어도 훌륭한 시민으로 기능하도록, 한 개인으로서 자기 삶을 행복하게 살아가도록 돕는 데 있다.

스스로 기능하도록 도우려면 먼저 정서가 안정되어야 한다. 해마와 전두엽의 기능이 활성화되어야 이성이 기능하기 때문이다. 반면 체벌은 철저히 편도체만 자극한다. 과잉 활성화된 편도체는 힘이 강한 상대에게는 회피 반응을, 약한 상대에게는 응전 반응을 보인다.

회피란 일종의 모면이다. 순간을 모면하고 강자가 사라지면 실수를 반복할 가능성이 높다. 체벌이라는 생존과 안전의 욕구만 위협하는 이상 아이의 자존감은 낮아질 수밖에 없다.

흠…, 역시 아이들 가르치는 일은 어렵다.

공교육의
존재 이유

사회가 발전할수록 경제적 지위의 격차는 커진다. 낮은 수준의 경제적 위치에 있는 이들은 눈앞에 닥친 생존 위협에 자녀의 교육 따위 신경 쓸 겨를이 없다. 그래서 초·중등교육이 존재한다.

공교육의 존재 이유는 이 격차를 줄이는 데 있다. 이것 말고도 공교육이 존재하는 이유는 많다. 학교가 아니라면 교회를 다니는 아이와 성당을 다니는 아이와 절에 다니는 아이와 아무 종교도 믿지 않는 아이들이 만나서 자신의 생각과 감정과 삶을 나눌 경험을 하기 어렵다. 성별이 다른 아이들, 신체적·인지적·정서적 어려움을 겪는 아이들이 한 교실에서 마주하며 인사하고 함께 생활할 기회는 찾기 어렵다.

생전 처음 마주하는 아이들과 보내는 일 년. 그 아이들의 성장에 일희일우하는 교사들. 한 교실 안에서 아이들과 함께 배우고 부딪치고 울고 웃으며 보내는 그 하찮은 일상. 무엇 때문에 우는지, 무엇 때문에 지각하는지, 무엇 때문에 아프다고 자꾸 보건실에 가는지 살피고 또 살펴야 하는 그 막중하고도 어려운 일을 두고, 자꾸만 "아무나 하는 쉬운 일"이라고 "월급이나 날름날름 받고 방학 때 여행이나 다니는 직업"이라고 배 아파한다.

나이도 어리고 학벌도 낮은, 시절 잘 만나 교사가 된 나 따위보다 자신이 더 전문가라고 하는 부모들. 학력이나 지위가 교육의 전문성을 나타내지 않음에도 감 놔라 배 놔라 하던 운영 위원들, 학부모 민원을 교사의 정당한 주장보다 우선했던 이들.

무엇 때문에 교사 집단을 불신하고, 모두가 교육의 전문가인 양 감 놔라 배 놔라 하는 걸까? 그건 대입만이 교육의 목적이라는 인식에 있다고 나는 생각한다.

대학 입학이라는 결과에 치우친 교육은 과정에 대한 관심을 줄인다. 교사와 학생의 상호작용이 벌어지는 수업을 가볍게 여긴다. 1년 단위의 교육과정 전반이 가리키는 교육 철학과 그 철학을 실현시키기 위해서 어떤 이론을 바탕으로 수업을 어떻게 구성하는가에 대한 관심 따위 없다. 그저 내 아이의 성적이 어느 수준이고, 그에 따라 교사들을 평가할 뿐이다.

대입. 대입만으로 아이의 행복이 결정되느냐고 묻는다면 아니라고 답할 것이다. 그렇다고 대입이 아이의 행복과 상관이 없느냐고 묻는다면 아니라고 답할 것이다.

아이들이 대학에 입학하기까지의 과정. 특히 개인이 선택할 수 없는 부모라는 환경 대신, 국가가 요구하는 일정한 수준의 교사라는 집단과 건강한 관계를 경험할 수 있도록, 신뢰할 수 있는 교사의 지도 아래 아이들이 자신의 성장과 발달을 위해 마음껏 노력하는 환경을 만드는 것이 더 중요하지 않겠는가.

잘못된 행동임을 가르치고,
훈련시키고, 반복하고

○

지금의 학교는 학교폭력을 학교와 교사가 해결하도록 하고 있다. 그것이 유일한 방법일까? 아니다.

당장 오늘 저녁 무엇을 먹을지 결정하지 못하는 이들도 많다. 자신이 무엇을 원하는지 알아채는 데도 노력이 필요하다. 하물며 타인의 의도는 무엇을 근거로 판단할 것인가?

미성숙의 결과로 친구에게 위해를 가한 것인지, 아니면 의도적으로 지속적인 가해를 한 것인지 어떻게 판단할 수 있을까? 그래서 지속성과 심각성을 고려하게 된다.

자신의 행위가 옳고 그른지를 판단하는 데 가장 중요한 역할을 하는 것은 사람들의 반응이다. 공공장소에서 어린아이들이 소리 지르고, 뛰어다닐 때 막아 서는 사람이 필요하다.

타인의 불행 위에 자신의 행복을 구축하지 못하도록 부모가 막아 서는 것이다. 소리 치고, 뛰고 싶은 감정은 이해하나 공공장소에서 하지 말아야 할 행동이므로 멈추라고 한다.

행위의 부적절함을 알려 주는 타인의 반응. 이것이 아이를 성숙하게 만드는 가장 중요한 요인이다. 한 번만으로 가능할까? 아니다. 반복이다. 훈련이다.
유사한 상황에서 동일한 반응을 보임으로써 공공장소에서 지켜야 할 예절을 습득하게 되는 것이다.

다시 말해서 잘못된 행위가 지속될 가능성을 줄이는 것이다. 교사의 지도는 바로 이 역할을 한다. 잘못된 행위가 지속될 가능성을 줄이는 것. 단 한 번의 지도로 아이의 잘못된 행동이 사라질 수 있을까? 절대 불가능하다.

타인을 해하려는 의도가 아닌, 재미를 위해 타인을 도구로 삼으려는 의도. 대부분의 학교폭력 가해 학생들에게 왜 그랬는지를 물어보면 이렇게 대답한다.

"장난이었어요."

남겨서 청소를 시켜도, 부모님을 호출해도, 유기 정학을 내려도 아이는 바뀌지 않았다. 장난이라고 말하는 대부분의 가해 아이들은 죄책감을 느끼기 전에 벌점을 받거나, 죄책감을 느끼지 않도록 부모가 아이를 방어하는 경우가 많았다.

재미를 위해 타인을 도구로 삼는 행위. 타인의 불행 위에 자신의 즐거움을 구축하는 행위임을 인식시키고, 비슷한 상황에서 같은 행위를 하지 못하도록 스스로 판단하고 멈출 수 있게 만드는 것이 교육의 역할이다.

스스로 판단하고 멈추게 하려면 죄책감을 일깨워야 한다. 죄책감은 스스로를 책망하게 만든다. 비뚤어진 자신을 바로 잡으려고 노력하게 만든다.

그런데 상벌점 제도나 처벌 중심의 학교폭력 예방은 이것을 불가능하게 만든다. 미성숙한 자신의 행위를 부끄러워하지 않고, 잘못이 드러나게 한 피해자를 원망하게 만든다.

아이들에게 성숙이 무엇인지, 건강한 자아가 무엇인지 가르쳐 주지 않기 때문이다. 타인의 불행 위에 자신의 즐거움을 구축하는 미성숙한 유아기적 행위를 지속하게 만들기 때문이다.

피해 학생도 가해 학생도 사람이다. 둘 모두를 성숙한 방향으로 이끄는 것만이 선이다. 서로를 신뢰하고, 서로를 위해 애쓰는 사람으로 변화시키는 것이 교육이 해야 할 일이다. 그것이 성숙한 사회를 만드는 유일한 방법이다.

감사의 마음을
전하는 방법

○

한 7, 8년 전쯤이었다. 학부모 상담에 오신 아버님이 롤 케이크 하나를 가져오셨다. 음료수 하나도 안 된다고 안내장을 보냈음에도 "인간적인 도리"라며, 기어코 놓고 가셨다. 다음 날, 아이를 통해 돌려보냈다. 죄송하다는 카드와 함께.

그런 내가, 교사에게 요구되는 "청렴의 의무"에 위반될지도 모르는 일을 하고 있다는 걸 알게 됐다. 2005년부터 아이들과 함께 하는 "감사 프로그램" 때문이다.

교사로서 가장 기쁜 순간은 학생의 성장을 마주했을 때다. 학생의 성장은 신체적·인지적·정서적 성장 모두를 가리키며, 정서적 성장을 마주하는 순간 가장 큰 감동을 받는다.

인간의 정서에도 메타 정서가 있다. 인지 기능을 수반해야만 느낄 수 있는 정서. 대표적인 것이 감사다. 고마워할 줄 아는 마음과 고마움에 보답하려는 태도. 이 두 가지가 "감사"라는 메타 정서를, 자신은 물론 타인에게 확장시킨다.

해마다 스승의 날이면 아이들에게 숙제를 낸다. 아이들의 안전, 건강, 교육에 애써 주시는 분들의 이름을 알아 올 것. 그리고 인터뷰를 하고, 그 과정을 영상에 담아 발표할 것. 이 과정을 통해 학교에는 교사 말고도 자신들을 위해 애쓰는 분들이 많다는 걸 알게 되고, 스승의 날에는 그분들께 감사의 마음을 담아 카드를 쓰게 했다.

그렇게 한 뒤 크리스마스 무렵이 되면 아이들이 한 푼 두 푼 모은 돈과 내 돈을 더해 수면 양말, 핸드크림 같은 선물을 준비했다.

그러고는 행정실장, 주무관, 영양사, 조리사, 조리 종사원, 배움터 지킴이, 숙직 기사, 행정 실무사, 보건 교사, 특수 교사, 사회복무 요원까지 다 챙겨 드렸다.
교장, 교감, 교과 전담 교사 및 학급 담임 교사를 제외한 모든 분들의 노고에 감사함을 표현했다.

이 과정에 청렴의 의무를 위반한 지점이 하나 있었다. 모금 활동. 그 어떤 경우에도 학생들을 대상으로 모금 활동을 해서는 안 되는 것이었다. "청렴의 의무" 위반이란다. 감사함을 배우고, 이해하고, 표현하려던 노력이 "청렴의 의무" 위반이란다. 기분이 묘하다.

"금품 수수 사례" 기록 양식에 선물 받으신 분들의 이름을 쓰고 금품을 제공한 사람 란에 아이들 이름을 쭈욱 적어야 했다. 내가 무슨 짓을 한 건가.

"청렴의 의무"가 누구 때문에 생긴 것인가? 이런 걸 만들게 한 당사자들은 아무 상관없이 잘만 산다. 애꿎은 학교에만 족쇄가 채워지고 말았다.

성적보다
관계에 더 관심을

○

"시험이 낼모레인데 이번 명절에는 집에서 공부나 해."
"됐어. 엄마 아빠 생일은 무슨. 네가 좋은 성적을 거두면 그
게 효도야."

자주 듣는 이야기다. 과연 아이가 좋은 성적을 거두는 것이
진짜 효도일까? 만나기 힘든 친척을 만나는 일보다 좋은 성
적을 거두기 위해 공부하는 것이 정말 아이를 위한 일일까?

아이와 부모, 아이와 교사, 아이와 친구, 아이와 타인…….
사람은 나이가 들수록 관계가 확장된다. 가장 가까운 부모
로 시작된 관계 경험이 불특정한 타인까지 확장되면서 성
숙의 깊이를 더해 간다.

성숙한 관계는 서로에 대한 감사로 연결된다. 무엇이 감사한가? 서로의 시간을 나누는 자체가 감사한 일이다. 우리에게 주어진 삶이 곧, 우리의 목숨이니까.

자신이 누군가에게 얼마나 중요한 존재인지를 알려면 자신과 함께하는 시간의 양을 재 보면 된다. 그래서일까? 사랑하는 연인은 사랑을 확인하기 위해 끊임없이 함께 시간을 보내려고 노력한다. 부모를 사랑하는 자녀, 자녀를 사랑하는 부모는 어떻게 해서든 서로 시간을 함께 하기 위해 애쓴다.

누군가와 시간을 함께 보내는 일.
참 어렵고 불편한 일이다. 하지만 그 시간이 나와 다른 타인을 이해하는 기회가 되고, 그들의 삶에 귀를 기울이는 시간이며, 나 자신을 조금 더 성숙한 존재로 이끌게 된다. 사람은 타인을 통해 자신을 바라보게 되니까. 그것이 거울뉴런이 시키지 않아도 하는 일이니까.

사람이 중요하다고 아무리 말한들 알 수 있을까? 친척보다 시험, 엄마 아빠의 생일보다 성적을 중요하게 여기게 되는 아이들. 그 아이들에게 갑질은 무엇이고, 인권은 무엇일까?

공부하느라 바쁘고 힘든 아이들에게 공부보다 소중한 것이 있음을 가르쳐야 한다. 그것이 가족이고, 사람이라는 것을 보여 주어야 한다.

내 아이들이 더 큰 뒤에도 과연 나는 내 믿음대로 내 아이들을 가르칠지 지켜볼 것이다.

생각이나 느낌을
자유롭게 표현하는 아이로 키우려면
_온책 읽기와 작가 노트 활용법

○

학교에서 독서장제가 시행된 지 이십 년이 넘었다. 독서장제란 학교마다 기준은 다르지만, 학교에서 권하는 책을 많이 읽고 독서 기록을 잘 남긴 아이들을 금장, 은장, 동장으로 구분해 포상하는 제도다. 간혹 도서 대출 내역만으로 기준을 삼는 학교도 있다. 아이들이 책을 많이 읽게 되고, 성인이 되어서도 독서를 습관으로 삼을 수 있을 거라는 기대로 시작된 제도지만 연간 성인 독서량은 여전히 낮다.

독서장제는 아이 스스로 책을 읽도록 돕고, 책을 읽은 뒤 자신의 느낌이나 생각을 자유롭게 표현하도록 돕기 위해 마련되었다. 그러나 읽은 권수를 기준으로 삼으면 내용보다 글자에만 집중하게 되기 쉽고, 교사에게 보이기 위한 독서

기록을 쓰다 보면 자유로운 표현보다는 맞춤법이나 띄어쓰기에 너 신경을 쓰게 되기 마련이다.

우리 아이들이 문맹률은 극히 낮은데도 문해력이 떨어지는 까닭이 여기에 있다. 문자의 뜻을 이해하고 받아들이려면 생각과 느낌을 주고받는 상호작용의 양과 질이 풍성해야 하는데 이런 독서 교육으로는 그것을 채울 수 없다.

정해진 시간 안에 주어진 권수의 책을 읽어야 하는 조건은 읽기 능력이 낮은 아이들에게는 힘에 부친다. 책을 읽는 것이 즐거운 게 아니라 자기의 모자람을 드러내는 것으로 인식될 가능성이 높아진다. 독서가 즐거울 리 없다.

읽을 수는 있으나 문해력이 낮아 이해하기 힘든 아이들은 쉬운 책을 고를 가능성이 높다. 이는 생각하고 곱씹어볼 만한 책을 멀리하게 만든다. 그래서 우리 교실에서는 "온책 읽기"와 "작가 노트"를 대안으로 삼고 있다.

"온책 읽기"란 교사가 책 한 권을 다 읽어 주는 것을 말한다. 읽을 수는 있으나 이해하지 못하는 아이의 부담을 줄여준다.

교과서의 경우 이야기가 부분 발췌되는 경우가 많다. 따라서 분절적이고 내용이 완결되지 않는다. 하지만 교과서 밖의 책을 교재로 활용하면 이 문제로부터 벗어나게 된다. 완결된 스토리는 아이들에게 몰입을 경험하게 해 준다는 연구도 있다. 많은 교사들이 오래 전부터 교과서가 가진 이러한 문제점을 알고 현장에서 실천해 왔고, 결국 "2015 개정 교육과정"에서 한 학기 한 권 읽기가 국어 교육과정에 들어오게 되었다.

정서는 의미나 가치에 따라 감정을 나타내는 낱말로 분류되는데, 의미나 가치는 개인의 경험, 사회의 문화 등에 영향을 받는다. 교사가 책을 읽어 줄 경우 교실에 함께 하는 아이들과 유사한 정서 경험을 하게 되고, 이는 정서적 공동체를 형성하는 데 도움이 될 것이다.

"작가 노트"는 책을 읽고 자신의 생각이나 느낌을 자유롭게 쓰는 활동이다. 이때 원칙은 세 가지다. 첫째, 교사가 확인하지 않는다. 둘째, 글은 십 분 동안만 쓴다. 셋째, 연필을 놓지 않고 무엇이든 쓴다.
인상 깊은 장면은 뭔지, 어떤 생각을 했는지 쓴다. 성찰적 글쓰기가 정서 조절에도 영향을 준다는 연구 결과도 있다.
독서장제 대신 온책 읽기와 자유 글쓰기를 하는 것이 스스로 책을 읽도록 돕고, 자신의 생각이나 느낌을 자유롭게 표현하도록 하는 데 훨씬 효과적이다.

사교육
예찬

○

난 사교육을 좋아한다. 공교육에서 가르치기 힘든 것을 배우게 해 주기 때문이다. 피아노, 태권도, 야구, 축구, 농구, 탁구, 테니스, 배드민턴, 수영, 사물놀이, 성악, 미술 등을 가르치는 곳을 지나칠 때마다 배우고 싶은 욕구가 치밀어 오른다.

하지만 누를 수밖에 없다. 사는 게 뭐 그리 바쁜지 사교육 하나 받지 못하는 내 인생이 불쌍하게 느껴진다. 그래서 아이들이 부럽다.

성장하는 아이들. 다양한 영역의 사교육을 경험하는 아이들. 해당 분야의 전문가 지도 아래 마음껏 사교육을 누리는 아이들. 얼마나 좋은가.

그러나 전문가의 즉각적이고 전문적인 피드백. 그 양과 질
에 따라 사교육비는 급증한다. 수영을 1 대 10으로 배우느
냐, 1 대 1로 배우느냐. 피아노 개인 지도 시간이 십 분이
냐, 한 시간이냐에 따라 아이의 성취가 눈에 띄게 달라질 수
밖에 없다.

아동·청소년기야말로 이런 것들을 시작하기에 결정적 시기
다. 발달에 적합한 시기다. 이때가 아니면 도대체 언제 사교
육을 마음껏 받는단 말인가?

전국의 수많은 예체능 출신의 인재들이 우리 아이들의 사
교육을 위해 전문적인 지도를 해 줄 수 있는 사회가 된다면
얼마나 좋을까?
각 지역 출신의 예체능 전문가들이 지자체를 통해 아동·청
소년 지도에 대한 교육을 받고, 아이들을 위해 사교육을 가
르치는 시스템이라면 어떨까?

나는 내 아이들이, 내 아이들의 아이들이 아동·청소년 시
기에 마음껏 사교육을 경험해서 인생의 풍요로움을 마음껏
누렸으면 좋겠다.

고학년 아이들에게도
책을 읽어 주는 교실

○

책 읽는 게 중요하다고, 아이들에게 자꾸 책 읽자고 말한다.
책 읽을 시간을 준다. 책을 사 준다. 책을 읽으면 상을 준다.
그런데도 아이들은 책 안 읽는다. 아, 힘들다.

왜? 재미가 없어서다. 왜 재미가 없냐고? 재미를 느껴 본 적
이 없으니까. 아니, 더 재미있는 게 많으니까.
텔레비전이나 스마트폰은 자극적이다. 가만히 있어도 빠져
들게 된다. 접근하기 쉽다. 어렵지 않다.

그에 반해 책은 초기 진입이 어렵다. 한글을 읽기는 하지만
검은 것은 글자요, 흰 것은 종이니라, 하는 수준이다. 글자
에 담긴 뜻을 이해하는 데는 시간이 필요하다.

그래서 읽어 주는 것이 좋다. 발도르프 교육의 연구에 따르면 만 열세 살까지는 읽어 주는 것이 좋다고 한다. 왜 읽어 주는 것이 좋을까?

첫째, 누군가 읽어 주는 것을 듣고 있으면 문자를 인식하는 데 드는 에너지를 의미나 정서를 느끼는 데 사용할 수 있다. 아이들이 책 속에 담긴 글자가 주는 상상력을 손쉽게 경험하는 계기가 되는 것이다.

둘째, 읽는 이와 듣는 이가 동시에 정서적 일치감을 경험한다. 이를 '공명' 혹은 '공감'이라 한다. 함께 있다는 느낌은 그 어느 것보다 깊은 라포를 형성시킨다. 책을 읽다가 감정이 움직일 때가 있는데, 딱 그 대목에서 아이들 역시 탄식했다. 희열이 느껴지는 순간이다.

셋째, 지금 이 순간에 집중하게 만든다. 귀를 기울이지 않고서 함께 있는 사람들과 정서를 교감할 수 없다. 이 집단의 압력은 듣기에 집중케 한다. 귀를 기울이라고 말하지 않고도 귀를 기울이는 연습이 되며, 현재 이 순간에 주어진 청각적 자극에 집중하게 만든다.

넷째, 미디어 이외에 활자가 주는 재미를 경험한다. 우리나라는 성인 독서량이 적고 성인 문해력이 낮은 사회다. 책은 공부하는 애들이나 읽는 것이라는 편견을 무너뜨리려면 어릴 적 책에 대한 초기 경험이 중요하다. 따라서 꾸준히 책을 읽어 주는 활동은 책이 주는 재미를 각인시키고 성인이 되어서도 독서를 즐기게 하는 원인이 된다.

스마트폰이나 텔레비전을 이용하지 말라는 뜻은 아니다. 다만 아이가 접하는 매체가 다양해야 하고, 이를 스스로 균형을 유지하도록 도와야 한다는 뜻이다.

힘들어도 아침마다 우리 반 아이들에게 책을 읽어 주고 있는 까닭이다.

아이에게
감사 편지 쓰기

해마다 5월 8일이 되면 아이들은 부모님께 감사의 편지를 쓴다. 집에서, 학교에서 부모님께 감사해야 한다고, 효도해야 한다고 늘 배우기 때문이다.

아이를 처음 가졌을 때 얼마나 기뻐했는지, 처음 걷고, 말하고, 친구를 만나고, 학교에 갈 때 얼마나 기뻤는지도 이야기해 준다. 아이를 얼마나 걱정하고 고민하면서 옆에 있었는지도 말해 준다.

매일 아침 일어나 밥을 먹고, 씻고, 학교에 가는 아이. 혹은 자신이 하고 싶은 일을 찾아서 노력하는 아이. 얼굴을 마주 보고 웃어 주는 아이. 먼저 인사해 주는 아이. 이 아이들이

더 건강하고, 훌륭하게 자라길 바라는 것이 부모와 교사의
마음이다.

캘리포니아대학교 심리학과 류보머스키 교수의 연구에 따
르면 8주 동안, 일주일에 15분씩 한 사람에게 감사 편지를
쓰도록 했더니 행복감이 증가하고 연구가 끝난 뒤 9개월까
지도 효과가 지속되더라고 한다. '학습된 무기력' 개념으로
유명한 미국의 심리학자 셀리그만 역시 감사 편지를 직접
전달하는 것이 행복감을 높인다고 했다. 한마디로, 감사 편
지를 쓰면 쓰는 사람이 행복해진다.

또 다른 연구에서는 인식이 고마움을 낳고, 고마움이 행복
한 신체를 만든다고 한다. 누군가가 나의 노력을 알아 준다
는 것을 알게 되었을 때 고마움을 느끼고, 그 고마움이 행복
한 신체를 만든다는 것이다.

즉 부모가 자녀의 노력을 알아주었을 때 자녀는 고마움을
느끼고, 그 고마운 마음이 아이의 신체에 긍정적인 영향을
준다는 것이다.
몇 해 전 우리 반 아이 중 한 명이, 어버이날 감사 편지에 대
한 답장을 받은 적이 있다. 아이는 편지를 읽어 주겠다고 나
섰고, 편지를 읽다가 울먹이기도 했다. 아빠가 편지를 써 주

실 줄은 몰랐다며, 크게 기뻐했다.

어버이날을 맞아, 아이들이 부모에게 정성껏 쓴 감사 편지에 답장을 해 주시면 좋겠다. 아니, 먼저 써 주시면 좋겠다. 행복이 커지고, 우리 아이들이 건강해진다.

고마운 점, 잘한 일
세 가지를 찾다 보면

○

친구가 놀린다고 말하는 아이들이 많다. 바꾸어 말하면 친구를 외모나 공부로 평가하는 아이들이 많다는 뜻이다.

우리 반 아이들에게 일 년 동안 말해 왔다. 사람이 사람을 거리끼는 말이나 행위가 곧 장애라고. 이제는 아이들도 무엇이 진짜 장애인지 안다.

미워하는 마음, 시기하는 마음, 질투하는 마음으로 가득 찬 사람의 마음은 시옥과 같다. 친구를 욕하고, 놀리고, 괴롭히는 아이의 마음은 지옥이다.

욕하고, 놀리고, 괴롭힐 줄밖에 모르는 친구라면 얼마나 불쌍한가. 그래서 도와줄 방법을 찾았다. 하루에 한 명. 반 친구의 고마운 점, 혹은 잘한 일을 세 가지 찾아서 적어 보는 것. 자신을 뺀 나머지 23명의 아이들을 23일간 한 명씩 하루 동안 관찰해야 한다.

친구의 좋은 점, 고마운 점에 주의를 기울이도록 하는 것이 핵심이다. 무의식적으로 잘못이나 실수에 주목하던 아이가 사람을 바라보는 관점을 바꾸기 위한 시도다.

단 한 명만 성공했다. 날마다 친구들에게 욕을 해서 시간마다 다른 아이들이 고통을 호소하게 만들던 바로 그 아이. 과제에 성공한 뒤, 그 빈도가 크게 줄었고 아무 일 없이 지나가는 날도 많아졌다.

하지만 쉽지 않다. 친구의 실수나 단점을 찾아 자신을 돋보이게 하려는 것이 본능이기 때문이다. 잘한 점 세 가지 찾기, 좀 더 보완해서 체계화하고 싶은 교육 방법이다.

사과 받고
싶어요

○

"작가 노트" 시간. '나'에 대해, '사랑'에 대해, '우정'에 대해, '진정한 친구'에 대해 써 왔다. 오늘은 '사과'를 주제로 십 분간 펜을 놓지 않고 써 보았다.

아이들이 전에 없이 집중하여 글을 썼다. 곰곰이 생각하며 한 자 한 자 써 내려갔다. 그리고 다음 시간, 사과에 대하여 하고 싶은 이야기를 해 보자고 했다. 여러 아이가 손을 들었다.

"저는 엄마에게 사과 받고 싶어요. 제가 내 살인가 다섯 살 때, 유치원 가방에 친구 장난감을 넣어 온 적이 있었어요. 저는 몰랐거든요. 친구가 실수로 넣었나 봐요. 그런데 엄마 가 묻지도 않고 저를 회초리로 때리고는 경찰서로 끌고 가셨어요. 그때는 잘못했다고 말했지만 저는 너무 억울했어요. 지금이라도 사과 받고 싶어요."

"장구를 가르쳐 주신 유치원 할아버지한테 사과 받고 싶어요. 장구 치는 게 지루해서 제 이름을 반복해서 말하고 있었는데, 할아버지가 제가 욕을 했다며 유치원 지하로 끌고 가서 밀어 넘어뜨리셨어요. 그래서 머리에 혹이 났어요. 엄마가 화가 나서 유치원에 가서 뭐라고 하셨는데, 저는 사과 받지 못했어요. 시간이 지났지만 사과 받고 싶어요."

조금 있다 더 놀라운 장면이 벌어졌다. 사과하고 싶은 아이들이 나타난 것이다.

"저는 사과하고 싶어요. 친구 이름 갖고 놀린 건 제가 잘못한 것 같아요."

그러고는 자신이 놀린 아이에게 가서 직접 사과를 하기 시작했다. 아이들이 너도 나도 손을 들기 시작했고, 때마침 수업을 마치는 종이 쳤다. 아이들은 조금만 더 하면 안 되냐고 했지만, 학부모 상담이 기다리고 있어서 미룰 수밖에 없었다.

다행히 아직 나에게 사과 받고 싶다는 아이는 없다. 언제든 나에게 사과 받고 싶은 일이 생기면 이야기해 달라고 얘기 했다.

사과하고 사과 받으면서 풀어지는 마음이 꽤 크다. 끝내 용서받지 못하는 사람은 자기 잘못을 빌지 않은 사람, 빌지 못한 사람일 수밖에 없지 않겠는가.

학부모 상담에 임하는
나의 자세

○

학부모는 불안하다. 내 아이가 친구들과 잘 어울릴까? 혹시 친구들과 못 어울리는 것은 아닐까? 갈등이 있지는 않나? 눈으로 확인할 수 없으니 당연히 불안하다.

그런 부모님께는 학부모 상담 같은 자리를 빌어 말씀드린다. 모든 친구와 잘 어울릴 필요는 없다. 한 명이라도 마음을 열고 지내면 아이의 사회성은 건강하다. 친한 친구하고만 잘 지내는 것이 걱정이라는 부모님들의 말씀에 "직장 내 모든 분들과 친하게 지내십니까?" 여쭤 보면 대번에 고개를 끄덕이신다.

친구와 갈등이 있는 것은 당연하다. 사랑해서 결혼한 부부도 맨날 투닥대며 싸우지 않나 말씀드리면 웃으신다. 중요한 것은 갈등이 있을 때 어떻게 해결하느냐다. 교실에서 어떻게 갈등을 해결하는지 말씀드리면 표정이 편안해지신다.

학부모는 불안하다. 내 아이만 공부를 열심히 안 하는 건 아닐까? 좋은 성적을 거두고 있나? 혹시 숙제를 안 하는 것은 아닐까? 아이가 배우는 모든 것에 관심 갖기에는 시간이 모자라는 부모로서 당연한 걱정이다.

"스스로 공부에 매달리는 아이가 얼마나 있을까요? 과연 어른들은 아무도 없을 때, 아무런 해야 할 일이 없을 때 공부를 하고 있나요? 아니면 책이라도 읽을까요?"
여쭤 보면 멋쩍어하신다.

아이들은 당연히 친구와 놀고 싶고, 휴대폰을 만지고 싶고, 텔레비전을 보고 싶어 한다. 어른도 놀고 싶은데, 아직 미성년에 불과한 아이들은 오죽할까?

그래서 자신의 성장을 위해 날마다 도전하는 과제 한 가지를 정했다고, 하루 십 분 책 읽기, 날마다 피아노 연습 십 분, 혹은 스스로 하는 공부 십 분 같은 작은 실천 과제를 정했다고 이야기했다. 날마다 교사가 확인을 하지는 않지만

"가장 노력한 사람"은 MIP(Most Improvement Person)로 선정한다고, 자기 자신과 하는 선의의 경쟁이라고. 다들 머리를 끄덕이신다.

마지막으로, 생활지도의 원칙을 말씀드린다. 내가 아이들을 야단치는 경우는 딱 두 가지다. 노력하지 않을 때, 비도덕적일 때. 스스로 노력하지 않거나, 가까이 있는 이에게 해를 끼칠 때만 야단을 친다. 스스로를 포기하거나, 타인을 함부로 대하는 경우를 제외하고 개입하지 않는다.

야단을 친다는 것은 실망스럽다는 표현이다. 야단을 친 후 아이에게 묻는다. 어떻게 해야 하느냐고. 아이가 대답하면 말한 대로 하자고 말하고, 대답을 못 하면 알려 주고 다음에 행동으로 보여 주기를 기대한다.

학부모 상담은 아이의 미래에 대한 불안과 공포를 잠재우고, 교사와 학부모가 아이의 행복을 위해 협력적 관계를 맺는 중요한 자리다.

아이들이 잘 배웠다면 교실 밖에서 어떻게 행동하느냐를 지켜봐야 알 수 있다. 선생님이나 부모 앞에서만 열심히 노력하고, 타인을 존중한다면 그런 교육은 안 하니만 못하다.

그래서 아이를 믿어 주고, 기대하고, 실망하고, 또 기회를 주어야 한다.

과연 학부모 상담이 성공했는지는 1년을 지켜봐야 알 수 있다. 아이들이 학교와 가정에서 어른으로부터 겪는 관계의 일치와 불일치가 조금씩 드러날 테니까.

아이는
외롭다

○

동료 교사가 학부모 상담 때 이런 이야기를 했다 한다.

"아이의 수학이 부족합니다. 가정에서 숙제 확인 부탁드려요.
휴대폰을 많이 보는 것 같아요. 휴대폰 보는 시간을 점검해
주세요.
준비물을 챙기지 않아요. 준비물 좀 챙겨 주세요.
게임을 많이 하나 봐요. 학교에서 욕을 많이 하네요. 가정에
서 지도 좀 해 주세요."

학교에서도 가정에서 부모가 지도해 주었으면 하는 일이
참 많다. 그런데 생각해 보자. 과연 가정에서 얼마나 실천
가능할까? 수학 숙제 확인도 하고, 휴대폰 보는 시간도 점

검하고, 준비물도 매일 챙겨 주고, 게임도 통제하고, 언어 습관도 조절하도록 챙기는 일이 쉬울까?

상담 시간 내내 아이의 부족함을 듣고 이미 불쾌해진 뒤인데, 아무리 교사가 정중히 여러 가지 부탁을 한다 한들 부모는 몇 가지나 기억할까?

교사인 나조차 내 아이들 숙제를 봐 주는 일이 어렵다. 준비물 챙기는 일도 까먹는다. 아이가 휴대폰을 얼마나 보는지, 게임을 얼마나 하는지 관심을 기울이기에는 매일의 일상이 너무 바쁘다.
하물며 평범한 맞벌이 가정의 아이들은 어떨까? 퇴근하고 저녁 먹고 잠들기에도 바쁜 가정에서 아이들과 함께 일상을 나누는 일이 얼마나 가능할까?

내가 부모님들께 부탁드리는 것은 딱 두 가지다.
첫째, 매일 조금씩 책을 읽어 주십시오. 어렵다면 일주일에 한 번이라도 읽어 주세요.
둘째, 주말에는 가족이 함께 노는 시간을 가져 주십시오.

책을 읽어 주는 것이 '인지'라면, 함께 노는 것은 '정서'다. 가족이 함께 놀면서 아이의 정서를 안정시키고, 부모가 책을 읽어 주며 아이의 인지능력을 향상시키는 것. 사회경제적 지위와 상관없이 손쉽게 실천 가능하다.

참 많은 가정이 하루하루를 힘겹게 살아간다. 아이에게 기울일 관심의 여력이 없다. 그저 다치거나 아프지 않고, 학교에 잘 다니는 것으로 충분하다.

부모의 관심으로부터 멀어진 아이들은 점점 더 주의가 산만해지고, 친구와의 갈등을 힘겨워한다. 자신을 버거워하는 부모를 이해하지만 자신을 싫어하는 친구들은 이해하지 못한다.

자신을 싫어하는 학교. 아무런 문제도 없는 아이의 학교 부적응을 이해할 수 없는 부모. 그래서 학교를 원망하고, 교사를 원망하다 학교를 옮기는 아이도 있다.

아이는 외롭다. 아이의 환경을 이해하지 못하는 교사로부터 떨어져 외롭고, 아이의 마음을 읽어 주지 못하는 부모로부터 떨어져 외롭다.

아이들이 외롭지 않았으면 좋겠다. 아이들 옆에 부모가 있고, 친구가 있고, 교사가 있다는 사실을 기억했으면 좋겠다.

인지 발달보다
정서 발달

○

대치동 자녀 교육의 성공 요소는 첫째, 엄마의 열정, 둘째, 부모의 경제력, 셋째, 조부모의 재력, 그리고 넷째, 아빠의 무관심이란다. 저들에게 교육이란 무엇일까? 교육적 성취는 무엇을 말하는 걸까?

대치동은 사교육 시장이 가장 발달한 지역이다. 많은 학부모들이 아이의 학업 수준에 맞는 맞춤형 학원을 찾을 수 있다며 대치동으로 이사를 강행한다. 그래서 대치동 집값이 비싸다.

학업 성취는 아이의 인지 발달과 맥락을 같이 한다. 발달에는 신체 발달, 정서 발달, 인지 발달이 있다. 인지 발달은 지능과 관련이 있고, 인간의 지능은 결정 지능과 유동 지능으로 나뉜다.(Cattell) 이 중 결정 지능은 나이가 들수록 직간접 경험을 통해 기억된 정보의 양이 늘어나므로 계속 상승하는 반면, 유동 지능은 사춘기를 절정으로 점차 하락한다. 유동 지능의 하락은 스스로 배우려는 삶의 태도를 유지함으로써 속도를 늦출 수 있다. 유동 지능은 문해력, 문제 해결력, 작업 기억력, 주의 조절, 억제 조절 능력(불필요한 주의 이동을 억제하는 능력)과 관련이 깊다.

많은 학부모들이 학업 성취는 지능과 관련이 있음을 알고, 학업 자극만 주려고 애쓴다. 책을 읽'히'고, 영어를 가르치고, 수학을 배우게 한다. 학년이 올라갈수록 예체능은 버리고, 교과 학습만 강조한다. 그렇다. 결정 지능만 키우는 셈이다. 유동 지능이 발달하는 사춘기 시절에 예체능 교육은 무엇보다 중요하다. 발달을 촉진하는 자극이기 때문이다.

사교육 시장 강사들이 강조하는 것은 오로지 결정 지능이다. 따라서 타고난 유동 지능이 낮은 아이들은 더 이상 유동 지능이 향상될 기회를 박탈당하고, 스스로 자책하며 자신과 공부는 맞지 않다고 포기한다. 더 이상 배우고 싶어하지 않는다. 즉 공부와는 담을 쌓게 된다. 배우는 삶을 포기하게 되면서 유동 지능은 급격한 하락을 맞이하게 된다.

인지 발달보다 중요한 것은 정서 발달이다. 정서 발달은 결정적 시기가 있기 때문이다. 영아기, 유아기, 아동기, 사춘기마다 부모의 역할이 달라야 하는 까닭도 여기에 있다.

인지 발달, 특히 결정 지능 중심의 대치동 교육이 중요시하는 네 가지, 엄마의 열정, 부모의 경제력, 조부모의 재력, 그리고 아빠의 무관심은 아이들이 발달에 맞는 과업을 수행할 기회를 박탈한다.

아이의 하루 일과를 결정하는 엄마는 아이의 자율성을 침해한다. 또래 관계가 최고조에 이르는 중·고등학교 시절 아이의 일과를 부모가 결정하는 것이 많은 가정의 갈등 원인이 되고 있다.

아빠의 무관심은 아이의 정서 및 사회성 발달에 더욱 치명적이다. 아이들은 가장 친밀한 관계인 가정에서 정서적 타인인 아빠와의 관계를 통해 처음으로 사회성을 경험한다. 또한 아빠의 적절한 관심은 엄마의 양육 스트레스를 줄여 주고, 아이의 자존감을 높여 준다. 이는 건강한 가정의 중요한 바탕이 된다.

대치동 교육은 아이들의 결정 지능 향상에 초점을 둔다. 유동 지능 향상에는 관심이 없다. 유동 지능은 성인 이후의 삶에도 중요한 영향을 미친다. 아이가 건강한 지성인으로서 삶을 유지하는 토대가 된다.

인간은 인지만 발달하는 것이 아니라, 신체와 정서도 발달한다. 적절한 신체 발달 자극, 정서 발달 자극이 주어져야 건강한 사회인으로 성장할 수 있다.

결정적으로 인지 발달, 특히 결정 지능의 향상은 성인이 되어서도 가능하지만 유동 지능의 발달, 정서 지능 발달은 결정적 시기가 있다. 이를 놓치면 더 이상 기회가 없다.
아이를 진정으로 아끼고 사랑한다면 우리는 과연 어떤 선택을 해야 할까?

'학교폭력'이라는 말이
불러온 것들

○

새 학기가 시작되는 3월부터 대부분의 아이들은 학교폭력 예방 교육을 받는다. 1학년도 예외가 아니다. 결과는 이거다.

"너! 그거 학교폭력이야!"

만 여섯 살, 일곱 살이 된 아이들이 배우는 말로 '학교폭력'은 알맞은가? 어른들은 우리 아이들이 어릴 적부터 학교폭력 예방 교육을 잘 받아서 친구가 하는 말과 행동이 학교폭력인지 아닌지 잘 구별할 줄 안다고 여긴다. 과연 그런가?

1학년 아이들의 언어적·신체적 상호작용은 성인과 다르다. 고등학생들과도 크게 다르다. 아이들은 비언어적 표현보다 언어적 표현에 더 주의를 기울인다. 따라서 상대가 고의성이 없어도 폭력으로 인식할 가능성이 높다.

낯설고 두려운 학교에 처음 들어온 아이들. 그 아이들에게 학교폭력의 의미와 유형을 가르치는 학교. 미성숙한 아이들의 말과 행동을 '학교폭력'이라는 이름으로 평가하는 사회.

따라서 아이들은 친구들에게 말을 걸기 두렵다. 같이 놀기 두렵다. 심리적 거리가 가까운 친구들이 많을수록 학교생활에 적응하기 쉽지만, 그건 불가능하다. 내가 하는 말이나 행동이 학교폭력인지를 먼저 떠올려야 할 테니까.

아침에 등교하고, 오후에 하교하는 사이에는 좋았던 일도 있고, 나빴던 일도 있다. 하지만 학교폭력 사건을 기사로 접한 사람들 머릿속 학교는 학교폭력만이 난무할 뿐. 즐겁고 행복한 순간 따위 존재할 거라는 상상은 하지 못한다.

학교폭력 예방을 위한 법률에 따라 1년에 두 번 학교폭력 실태 조사를 실시한다. 맞은 아이는 얼마나 증가, 혹은 감소했는가. 때린 아이는 얼마나 증가, 혹은 감소했는가. 어디에서, 누구에게, 어떻게 피해를 당했는가.

질문에 대답하는 아이가 가장 먼저 해야 할 일은 나 이외의 다른 모든 친구를 가해자로 가정하는 일이다. 모든 친구들의 말과 행동을 '학교폭력' 여부를 기준으로 평가하도록 만드는 것이다.

과연 학교폭력 실태 조사는 학교폭력을 예방하는 효과가 있을까? 학교폭력을 예방하려면 아이들이 더 사이좋은 관계를 맺도록 도와야 하지 않을까? 지금과 같은 학교폭력 예방 교육은 오히려 역효과를 가져올 것 같다.

그래서일까? 학교폭력 사건을 경험하는 연령대는 점점 낮아지고, 사례는 점점 복잡해지고 있다. 이제 학교는 '폭력'으로 점철된 곳이지, '우정'이 꽃피는 곳이 아니다.

'우정'보다 '학교폭력'을 먼저 배우는 아이들. 학교 전담 경찰관이 와서 학교폭력의 유형과 법적인 처벌에 대하여 가르치는 사회. 성인들을 대상으로 하는 형법학자가 만든 학교폭력 예방법에 따라 친구들을 가해자로 가정해야 하는 아이들.
학교라는 환경이 우리 아이들에게 도대체 어떤 영향을 주고 있는 것인가!

학교폭력 대신
배워야 하는 것들

○

모든 국가에 공교육이 존재하는 이유는 인간의 성장 발달 시기에 어떠한 교육을 받느냐가 사회 구성원의 질을 담보하기 때문이다. 그렇다면 학교는 더 성숙한 사람으로 성장시키는 기관이라는 사회적 인식을 바탕으로 존재한다.

더 성숙한 민주 시민을 양성하는 것. 그것은 신뢰할 수 있는 사람으로 키워 내는 일이다. 사회경제적 지위의 차이와 상관없이 어느 직업에 종사하더라도 개인이 하는 일의 사회적 가치를 인정하는 사회. 더불어 자신이 하는 일에 대한 의미와 자부심을 가질 수 있는 사회. 그것은 감사를 통해서만 만들어질 수 있다.

감사란 상대의 입장에 서서 타인의 노고가 자신에게 미치는 영향에 대해 고마워할 줄 아는 행동이다.

모든 영역에서 뛰어난 성취를 보이는 아이는 없다. 또한 모든 영역에서 훌륭한 태도를 보이는 아이도 없다. 따라서 학급에서 만나는 모든 친구들은 서로가 서로에게 배움의 모델이 되기도 하고, 성장의 촉진자가 되기도 한다. 혹은 정서적 지지자가 되어 주기도 한다.

친구의 존재만으로 아이들은 더욱 성장한다. 다양한 사람이 존재한다는 사실. 한 개인에 대해 이해하는 것이 그리 녹록치 않다는 사실. 사람을 이해하고, 좋은 관계를 오래도록 유지하는 데는 많은 노력이 필요하다는 사실. 사회경제적 지위와 성별, 종교 등의 차이와 상관없이 하나의 공간 안에서 서로의 생각과 감정을 주고받을 수 있다는 사실.

따라서 사람을 대하는 태도가 중요하다. 친구를 신뢰하고, 신뢰할 수 있는 자신으로 성장하는 것이 중요하다. 그것이 서로를 위한 가장 중요한 안전망일 테니까.
그러나 현재의 학교폭력 예방을 위한 법률은 이 안전망을 제거하는 것 같다.

경미한 학교폭력 사건이 발생해도 〈학교폭력위원회〉를 열어야 한다. 사안이 발생하고 이를 담임 종결 사안으로 처리하였다가 학부모의 고소고발이 이어질 수 있기 때문이다. 고소당할 가능성. 그것이 눈으로 확인되면 교사의 선택지는 단순해진다. 생활지도 대신 〈학교폭력위원회〉다.

가해자와 피해자, 그리고 처벌. 이것은 둘 사이의 관계를 하나로 결정짓는다. 따라서 둘 사이의 관계가 개선될 여지는 없다. 가해자와 피해자가 한 공간에 머무는 일은 고통이다. 따라서 가해자와 피해자. 둘 중 하나는 공간을 떠나야한다.

아이의 건강한 성장을 위해 애써야 할 학교에서 성인과 같은 사법적 절차를 통해 가해 기록을 생활기록부에 남기고, 처벌에만 몰두하는 현실.

학부모는 교사를 불신하고, 이 불신은 사방으로 퍼져 나간다. 학부모에 대한 교사의 불신. 교사에 대한 학생의 불신. 학생에 대한 교사의 불신. 학생에 대한 학생의 불신. 그렇다. 불신 지옥이다.

학교는 성숙한 민주 시민을 양성하고 신뢰할 수 있는 사람으로 키워 내는 일을 해야 한다.

신뢰를 잃어버린 학교에서 어떻게 서로의 신뢰를 회복할 수 있을 것인가?

언어가 사고를
결정한다

○

우리 반 게시판에 붙여 두고 늘 읽게 하는 문장들이 있다.

> 나는 모든 친구를 사랑하겠습니다.
> 나는 모든 일에 열심히 노력하겠습니다.
> 나는 부모님을 행복하게 만들겠습니다.
> 나는 가장 건강해지겠습니다.
> 나는 소리 내 웃겠습니다. 하! 하! 하!
> 지은을 최고로, 보은을 제일로, 모든 일에 함께 노력하자!
> 모두를 위해, 모두가 함께.

사실 불가능하다. 모든 친구를 사랑하는 일이 가능할 리가
없다. 모든 일에 열심히 노력하는 일이 가능할 리가 없다.

다만 그 어려운 일을 해내기 위해 책을 읽고, 글을 쓰고, 대화하고, 교과를 배운다는 것을 느끼게 하고 싶었다.

이 문장들이 아이들 사고에 영향을 주기를 바랐다. 문장에서 사용하는 낱말의 의미를 느끼고, 이해하고, 경험하기를 바랐다.

아이들이 사용하는 언어가 사고의 경로를 결정한다는 가정하에 더 높은 수준의 욕구를 실현하도록 도와주는 언어를 접하는 환경을 만들려고 애쓴 결과다.

어떤 말을 하느냐, 어떤 행동을 하느냐를 보고 인물의 성격을 알 수 있다. 이는 국어과 학습 목표 중 하나다.
아이들이 어떤 말을 하느냐, 어떤 행동을 하느냐는 주어진 환경에서 무엇을 학습했는지를 보여 주는 지표가 된다. 더 나은 것을 가르쳐서 더 따듯한 말, 더 깊은 행동을 하도록 이끄는 것이 교육이다.

'사회 경제적 지위(SES)'가 낮은 가정의 아이들과 높은 가정의 아이들이 사용하는 어휘의 차이는 두 배에서 세 배에 이른다는 연구를 본 적이 있다.

한때 감정 코칭이 유행한 적이 있었다. 감정을 코칭해 준다는 것은 사실 부모가 어린아이들에게 하는 일이다. 자기 감정을 언어로 표현하지 못하는 아이들에게 부모가 감정 낱말을 붙여 주는 것이다.

감정 코칭이 유행한 것은 어른들 역시 감정과 생각을 잘 구분하지 못한다는 증거겠다. 감정이 언어로 표현되는 순간 교감 신경은 안정을 찾는다. 진정이 되는 것이다.

반면 감정이 언어로 표현되지 못하면 그 답답함은 교감 신경을 지나치게 활성화시키고, '액팅 아웃'되게 한다. 그래서 감정을 나타내는 다양한 낱말을 배운 사람들이 자기 조절에 더 유리하지 않을까 추정해 본다.

감정을 표현하는 어휘와 더불어 사고의 경로를 결정짓는 어휘도 있는 것 같다. 타인을 비하하는 말이나 자신의 가능성을 쉽게 단정 짓는 언어들이 그렇다.

특히 손쉽게 타인을 평가하는 어른들의 말은 아이들에게 금방 기억되고, 일상에서 반복 사용된다. 아이들에게 복습은 본능이고, 이를 통한 유능성의 경험은 욕구이기 때문이다.

사람을 평가하는 데는 오랜 시간의 관찰이 필요하다. 따라서 에너지 소모가 크다. 사람의 뇌는 효율성을 추구하는 것이 본성이라서 "하나만 보고 열을 안다고 착각"한다. 실패를 염두에 두기만 한다면 이런 착각도 괜찮은 것 같다.

욕을 한 사람이
제일 먼저 듣는다

○

우리는 사람들이 하는 말이나 행동을 통해 그 사람을 평가한다. 따라서 우리는 우리가 하는 말과 행동으로 우리의 인격을 드러낸다.

욕을 입에 달고 사는 사람. 남의 험담을 즐기는 사람. 그들이 느끼는 삶의 즐거움이란 고작 타인을 폄훼하고 경시할 때뿐이다.

그런 그들이 알지 못하는 것이 하나 있다. 자신의 인격을 자신이 훼손하고 있다는 사실이다.

"선생님. 쟤가 저한테 이유도 없이 욕했어요."

그럼, 이렇게 말한다.

"불쌍하지 않니? 사람으로 태어나서 즐겨 하는 말이 고작 남을 욕하는 것이라니. 너라면 어떻게 하고 싶니?"

그리고 욕을 한 아이에게는 이렇게 말한다.

"친구에게 함부로 욕을 해서 너의 인격을 낮추지 않았으면 좋겠어. 선생님은 다른 사람도 아닌 네가 네 자신을 함부로 대하는 것이 속상해. 자신을 사랑하지 않는 사람을 누가 사랑할 수 있을까?"

말이란 마음을 울려서 나오는 소리라고 했다. 아이들 마음속에 타인에 대한 적개심이 있고, 그 적개심은 자신도 인식하지 못한 채 행동으로 드러난다. 과연 아이의 적개심은 누구를 향한 것일까?
부모? 교사? 어쩌면 아이를 함부로 대하는 모든 이들?

나쁜 말은 빨리 배운다. 나쁜 말을 하지 말란다고 안 하는 아이는 없다. 겉으로 표현하지 않으면 마음속으로라도 되뇌기 마련이다. 하지 말라는 것은 더 하고 싶은 법이다.

따라서 좋은 말이 입에 붙도록 노력한다. 글똥누기*도 하고, 시도 외우고, 가사가 좋은 노래도 가르쳐 주고. 성숙한 사람이란 무엇인지, 훌륭한 삶이란 무엇인지, 자신을 존중하는 삶이란 어떤 것인지 알려 주어야 한다.

미성숙한 채로 성인이 되는 가장 결정적 이유는 성숙한 타인과의 관계 경험이 없기 때문이다.

그래서 아이들에게 부탁한다. 친구에게 좋은 친구가 되어 달라고. 친구들이 너처럼 살고 싶다고, 보고 배울 수 있도록 멋지고 훌륭하게 노력하자고. 그래야 선생님 같은 사람보다 훌륭해지지 않겠느냐고. 그 정도는 그리 어렵지 않은 일 아니냐고.

* 글똥 누기 : 예를 들어, 「험담은 세 사람을 죽인다. 험담을 한 자, 험담을 들은 자, 험담의 대상이 된 자」(탈무드)라는 글을 읽고, 이에 대한 자신의 생각을 세 줄 이상 쓴 후 교사가 댓글을 써 주는, 일종의 철학하기 활동.

고마운 내 친구를
소개합니다

○

학교에서 가장 걱정하는 두 가지는 학습 부진과 학교폭력이다. 학생 자치회 업무를 맡게 되면서 학교폭력 예방 활동으로 '우정'을 주제로 한 행사를 해 보자 싶었다. 첫 번째 행사가 바로 "고마운 내 친구를 소개합니다"였다.

친구의 고마운 점을 떠올리고, 이를 글이나 그림으로 남기게 했다. 부정적인 방법이 아니라 긍정적인 접근을 시도해 보고 싶었다.

참여는 의무가 아닌 자율로 했다. 전교생 234명 중에서 93명이 참여했고, 아이들 작품을 전부 액자에 넣어서 돌려주었다.

액자에 넣어 준 이유는 두 가지였다. 훗날 초등 시절을 떠올릴 때 고마웠던 친구를 먼저 떠올렸으면 하는 바람과 액자를 볼 때마다 고마운 친구를 떠올리고 '더 좋은 친구가 되어야지' 마음먹어 주었으면 해서였다.

부모들은 '학교폭력'이라는 말이 주는 공포감 때문에 아이를 학교에 보내고 불안해한다. 보이지 않는 곳에서 벌어지는 일을 부정적으로 생각하는 것은 본능이니까. 액자를 통해 부모들의 불안도 해소해 주었으면 싶었다.
학교라는 공간에서 자신의 자녀와 사이좋은 친구가 있다는 증거를 확인하는 것만큼 안심되는 것도 없을 것이다.

부상과 상장도 주었다. 심사는 학생 자치회 임원들에게 맡겼다. 학생으로부터 선출된 학생 자치회 임원으로서, 학생의 입장에서 평가하도록 했다. 평가 기준은 단 하나. 마음을 울리는 사연일 것!

학교폭력을 예방하는 힘은 교사가 아닌 친구에게 있다. 또래 행동이 가장 높아지는 사춘기 아이들에게 훌륭한 친구란 무엇인지, 진정한 우정이란 무엇인지 생각하게 하고, 느끼게 하고, 경험하게 도와주는 일이 학교라는 이름에 가장 걸맞는 교육일 것이다.

아이가 손에 쥔 칼을
내려놓게 하려면

○

교사는 아이들과 주로 수업에서 만난다. 쉬는 시간은 업무를 보거나 문제 행동을 수습하는 데 쓰기 때문에 정서적 교감을 나누는 일이 쉽지 않다. 따라서 수업이 중요하다.

교사의 입장에서 가장 어려운 아이는 가정의 형태가 아니라 가정 분위기의 영향을 받는 아이다. 지나치게 엄격하거나 방임하거나 학대하는 가정. 그중 아이를 학대하는 가정의 아이가 가장 어려웠다.

늦은 밤 잔뜩 취해서는 아이를 차에 태우고 운전을 한 아버지가 있었다. 방문 손잡이란 손잡이는 모조리 부숴 버린 아버지.

아이의 목을 조르고 칼로 배를 찔러 피가 나게 한 어머니도 있었다. 아이들은 말을 듣지 않으면 맞아도 된다는 시고방식이 뿌리 깊었다. 그래서 아이들은 친구들을 때렸다.

아이는 어디에서나, 언제나, 누구에게나 자기 가슴에 품은 분노의 칼끝을 겨눈다. 칼을 들고 사는 아이는 얼마나 지치고 피곤할까? 그래서 쉽게 지치고, 쉽게 포기하고, 쉽게 자기를 비하한다.

칼을 놓게 하고 싶었다. 말을 듣지 않는다고 때려서는 안 된다. 학교를 다니는 이유는 때리고 싶어도 때리지 않으려고, 욕하고 싶어도 욕하지 않으려고 다니는 것이니까. 더 나은 방법으로 사람을 움직이는 법. 그것은 내가 먼저 행동으로 보여 주는 일뿐이라는 걸 보여 주고, 이야기하고, 경험하게 해야 했다.

회복 탄력성이 있다면 상처 회귀성도 있는 것 같다. 좋아진 듯 싶다가도 문제 행동이 연쇄 폭발하듯 이어진다. 마치 이래도 아이가 나아질 것 같으냐고 교사로서의 믿음과 기대를 시험이라도 하듯이.

그래도 믿고 기대하는 것 말고 다른 방법이 없다. 어쩌겠나.

내가 할 수 없다면 내 뒤에 아이를 만날 다른 선생님들과 아이의 친구들이 바통을 이어받아 도움의 손길을 이어 가겠지.

문제 행동을 적응 행동으로 변화시키려면 성숙한 타인과의 상호작용 경험이 중요하다. 아이들이 학교에서 보내는 시간 중에서 가장 상호작용이 많은 대상은 친구다. 그래서 좋은 친구가 많아야 한다.

교사와 친구가 아이의 안전망이 되고, 도움의 손길을 이어 갈 수 있는 그런 사회를 만드는 것이 교육이 해야 할 일이다.

아이를 믿는다는 것을
보여 주려면

○

아이들 문제는 주로 발달과 관련이 깊다. 앞으로 벌어질 일을 예측하지 못하고 즉흥적인 일을 벌인다. 가까이에서 브레이크를 걸어 줄 성숙한 또래나 성인이 있다면 모를까.

아이가 즉흥적으로 벌인 일이 나비효과가 되어 커다란 일이 될 수 있다. 따라서 일이 확대되기 전에 예방해야 한다. 어떻게 하면 예방이 가능할까?

첫째, 문제 행동을 일으키는 아이의 주변에는 성숙한 성인이 없다. 부모의 경우 자녀에게 몰입되어 사고가 편협해져 있거나, 자녀를 방치하여 무관심해져 있을 가능성이 높다. 따라서 부모가 가진 양육 불안을 감소시키거나, 양육에 대한 관심을 불러 일으켜야 한다.

어떻게 불안을 감소시키고, 관심을 끌 수 있을까?

1) 부모에게 양육의 팁을 전했다. 매주, 매월 자녀 양육과 관련된 팁을 가정에 안내했다. 보내도 안 본다는 것쯤은 안다. 하지만 1년에 서른 번가량 내보내는 안내장을 한 번쯤은 읽어 보게 될 것이라면 충분히 가치가 있다. 그 한 번이 부모의 양육 태도를 바꿀 수 있다면 해 볼 만한 일이다.

2) 달마다 학부모 편지를 보냈다. 매달 아이들과 함께한 교육과정 내용을 소개하고, 어떤 목적을 위해 어떤 방법을 사용했는지 개략적이지만, 전문적인 설명을 드린다. 더불어 아이들 노력에 대한 칭찬을 빠트리지 않으려 한다. 아이 한 명 한 명에 대한 칭찬, 혹은 개별 노력을 있는 그대로 적어서 가정에서의 격려를 유도한다.

3) 아이들 생일날 출산, 양육의 노고에 대해 반 친구들이 감사의 마음을 전하도록 한다. 학부모의 걱정은 크게 두 가지를 벗어나지 않는다. 학습과 관계. 따라서 학급의 친구들이 이 아이를 좋아하고, 아이의 장점을 알고 있으며, 좋은 친구로 길러 주신 부모님께도 감사의 마음을 표현하는 것을 보면 걱정을 덜 수 있을 터였다.

둘째, 아이가 일으키는 문제가 너무 많다. 문제 행동을 일으킨 아이의 경력은 화려하다. 한두 명이 아니라 한 학급 전체가 진저리를 칠 정도로 문제가 심각한 경우가 허다하다.

어떻게 해야 반 친구들이 가진 불신의 벽을 넘어설 수 있을까?

1) 아이 자신이 가진 무력감에서 벗어나도록 도와주어야 한다. 문제 행동을 일으키는 아이는 자존감이 낮다. 무엇을 해도 부정적인 피드백이 쏟아진다. 왜 아이는 타인의 노력에 부정적인 말을 하게 될까? 아이가 주로 부정적인 피드백을 받았기 때문이다. 가정에서 부모로부터, 학교에서 교사와 친구들로부터 늘 야단맞거나 혼이 나기 일쑤다. 타인을 따듯하게 대하는 경험보다 차갑게 대하는 경험을 더 많이 했다.

따라서 아이가 손쉽게 성취 가능한 과제를 부여한다. 여기서 중요한 점은 과제가 친구들을 위한 것이어야 한다는 점이다. 일찍 오는 아이라면 책상 줄을 맞춰 달라는 부탁을, 청소를 잘하는 아이라면 청소를 부탁한다. 그리고 친구들이 듣도록 공개적으로 칭찬해 준다. 물론 매번 칭찬하지 않는다. 칭찬은 간헐적이되, 진심으로 해 준다.

2) 아이가 무력감에서 벗어나기 위해 필요한 두 번째 요인은 바로 친구들의 신뢰다. 따라서 문제 행동을 일으키는 아이의 주변을 맴도는 친구들과 개별적인 이야기를 나눈다. 문제 행동을 일으키는 것에 대해 친구의 생각이나 느낌을 물어보고 더 나아지도록 도와주려면 어떻게 해야 할지 의견을 묻는다. 그리고 아이가 손쉽게 실천 가능한 과제를 부탁한다.

하지만 쉽지 않다. 문제 행동을 일으키는 아이는 쉽게 격분하고, 친절했던 친구는 금방 후회한다. 저럴 줄 알았다고. 아이가 쉽게 격분하는 이유가 있다. 별일 없이 화목한 가정에서 지내다 학교에 온 아이가 쉽게 격분할 리 없다. 반드시 무언가 이유가 있다.

하지만 아무도 모른다. 그 이유가 무엇인지. 나는 이 점이 중요하다고 생각한다. 부모의 가정 폭력, 아동 학대, 부부 싸움, 이혼, 부모의 실직 등 가정 내 다양한 문제 상황을 밝히지 않는다. 교사도 친구도 선뜻 물어볼 수 없다. 아이가 스스로 말할 수 있을 때까지.

그럼, 어떻게 해야 아이가 자신의 어려움을 털어놓게 될까? 교사에게 자신이 겪는 어려움을 털어놓을 수 있는 관계를 만드는 것. 이것이 아이들과 개인 상담이 필요한 이유이고, 교사와 학생 간 라포가 중요한 이유다.

아이를 믿는다는 것은 정말 어렵다. 하지만 생각해 보자. 이미 성인이 되고, 서른, 마흔, 쉰이 넘은 성인을 변화시키는 것이 쉬울까? 아직 어린아이들을 변화시키는 것이 쉬울까? 음성 틱과 동작 틱을 함께 하는 뚜렛 증후군의 아이가 있었다. 의도와 상관없이 나오는 틱에 아이는 고통스러워했다. 아이 뿐만 아니라 가족도 고통 받았다. 엄격한 아버지는 자신의 자녀가 보이는 증상을 받아들이기 힘들어했고, 따라서 아이에게 함부로 대하기 일쑤였다.

친구들 역시 이상한 친구 취급했다. 그 시선과 태도에 아이는 분노했고 친구들과 거의 날마다 다투기 일쑤였다. 그래서 뚜렛 증후군을 함께 공부했다. 그러면서 아이가 겪는 고통을 이해하게 되었고, 아이의 양해를 얻어 친구들에게 알려 주었다. 반 친구들 역시 아이의 증상과 고통에 대해 이해하게 되었고, 아이 역시 스스로 노력해야 할 것들을 찾아 노력을 지속하게 되었다. 결국 증상이 조금씩 호전되었고, 아이와의 관계도 좋아질 수 있었다.

아이를 믿는다는 것은 아이의 변화 가능성을 믿는다는 것이지, 아이가 성인과 같은 성숙함을 보일 것을 기대하는 것이 아니다. 따라서 아이는 반드시 실수하고 또 실수할 것이다. 그럼에도 아이를 믿어 주는 것. 아이에게 다시 한 번 도전할 수 있는 기회를 주는 것. 그것이 아이를 믿는 것이다. 그 믿음을 교사와 부모, 그리고 주변 친구들에게도 전해 가는 것이 교사의 역할이다.

'공감'은
본능이 아니다

○

모든 사람이 공감적 태도를 보이지는 않는다.

타고난 기질 차이가 공감 수준을 결정하기도 하지만, 다양하고 친밀한 관계를 통해 다른 사람의 행동에 대한 지각 방식의 변화를 일으킴으로써 공감의 수준을 높일 수 있다. 공감에는 세 가지 수준이 있다고 한다. 첫째로 마음 읽기, 둘째로 정서적 일치, 셋째로, 공감적 동기.(Zaki, J., & Ochsner, K. 2012)

공감을 하려면 상대의 마음을 읽을 수 있어야 한다. 상대의 마음을 읽으려면 내 마음에 여유가 있어야 한다. 친구의 마음을 공감하지 못하는 아이는 대부분 남의 마음을 읽어 줄

만큼의 여유가 없다. 마음에 여유가 생기려면 스트레스 수
준이 낮아져야 한다.

예를 들어 보자. 친구가 넘어져서 다쳤다. 그런데 아이가 다
가가지 않는다. 타고난 기질에 따라 반응을 보이지 않을 수
도 있고, 스트레스 수준이 너무 높아서 시야가 좁아졌을 수
도 있다. 둘 다 스트레스 역치 수준을 높여 주는 것이 먼저
다. 그리고 상대의 마음을 아이가 이해할 수 있는 말로 설명
해 준다. 마음 읽기를 가르치는 것이다.

감정을 공유하는 것, 즉 정서적 일치는 모방을 통해 일어난
다. 모방은 행동을 관찰하는 사람이 관찰 당하는 사람의 정
서에 동조하려는 의사를 전달하기 때문이다. 아기들은 부
모의 표정을 따라하고, 부모의 행동을 모방한다. 즉, 정서적
일치는 모방을 통해 가능해지는 것이다.

생각해 보자. 우리의 뉴런은 아동·청소년기를 절정으로 확
장되었다가 청소년기가 되면 가지치기가 일어난다. 뉴런과
뉴런의 연결은 시냅스라고 하는데, 시냅스 간 연결이 활발
히 일어나면 의식적인 행동을 하지 않아도 된다. 자동적 사
고가 되는 것이다. 쉽게 말해 몸에 배게 된다. 뉴런 간 연결
은 반복을 통해서만 강해지고, 빨라진다. 즉 반복 학습, 혹

은 훈련을 통해서 강화되는 것이다.

부모나 교사가 아이나 학생에게 고마운 이유, 서운한 이유를 설명하는 것은 마음 읽기를 훈련시키는 것이 된다. 아이가 부모의 말이나 행동을 따라하는 것은 정서 일치의 훈련이 된다. 아이가 부모의 말이나 행동을 통해 알게 된 감정을 읽고, 이에 걸맞은 행동은 어떻게 해야 하는지 알려 주어야 한다.

공감은 인지상정이 아니다. 철저히 훈련이다. 가정교육을 통해, 학교교육을 통해 타인의 마음을 읽어 주고, 정서를 공유하고, 타인의 입장에서 행동하는 공감적 동기까지 이뤄지려면 많은 친구들과 만나서 마음을 나누는 경험을 해 보아야 한다.

가정과 학교가 존재하는 이유는 결국 사람이 사람다워지기 위해서, 즉 고마움을 알고 그 고마움에 보답하는 공감적 태도를 배우기 위해서다.

자녀에게 책 읽는 습관을
물려주려면

○

사람이 자라는 과정을 보면 일단 듣는 것부터 시작한다. 타인의 말소리를 듣고 따라 말한다. 듣거나 말하는 것은 음성 언어다. 음성을 문자로 변환하는 것은 상당히 어려운 일이다. 소리를 문자로 변환하다 보면 문자를 그림으로 변환해서 머릿속으로 떠올릴 수 있다.

책을 읽는다는 것은 문자를 이미지로 변화시킬 수 있다는 것을 뜻한다. 예를 들어 보자. '파랑'이라는 글자를 읽으면 파란색을 떠올리거나, 파도를 상상한다. 사람들이 생각하는 파랑과 관련된 이미지는 전부 다르다. 각자의 경험이나 지식이 전부 다르기 때문이다.

문자는 이미지가 만드는 상상의 제한을 넘어선다. 동일한 문장을 읽어도 받아들이는 사람의 경험과 지식, 가치관에 따라 매우 달라질 수 있다. 따라서 독서는 사람의 정신을 끊임없이 성숙하게 만든다. 그래서 많은 부모들이 자녀에게 독서하는 습관을 갖도록 애쓰고 있는지 모른다.

그럼, 어떻게 해야 아이들이 책을 읽을까? 책을 읽은 권수에 따라 상을 주면 책을 읽을까? 함께 서점에 가면 책을 읽을까? 도대체 어떻게 해야 아이가 책을 읽을까?

첫째, 부모가 책을 가까이 해야 한다. 정서는 전염된다. 부모가 책을 좋아하면 아이도 책을 좋아할 가능성이 높다. 책을 가까이에 두고, 잠깐이라도 짬이 나면 한 쪽이라도 책을 읽는 모습을 보여 주는 것이다. 책 읽는 모습을 한두 번 보여 준다고 아이가 책을 좋아할 리가 없다. 책을 가까이 하는 것이 부모의 삶 그 자체여야 한다.

둘째, 책을 전집으로 사지 않는다. 아이가 좋아하는 책을 사도록 한다. 더불어 부모가 좋아하는 책을 하나 고른다. 책을 한 권씩 사다 보면 자신이 좋아하는 분야의 책이 생긴다. 아이가 스스로 책을 탐색할 기회를 주는 것이다. 따라서 시간이 걸린다. 하지만 자신이 좋아하는 책이 무엇인지를 스스로 찾아가는 과정 그 자체가 책과 삶을 일치시키는 중요한 기회가 된다.

셋째, 책을 읽고 대화를 나눈다. 아이에게 먼저 묻기보다 아이가 스스로 이야기할 때를 기다리고, 그 이야기에 귀를 기울여 준다. 자신이 읽은 책의 내용을 스스로 정리해서 타인에게 말하는 것은 매우 어려운 일이다. 아이의 이야기가 조금 어색하고, 앞뒤가 맞지 않아도 지적하지 않는다. 아이도 말하면서 알게 된다. 중요한 것은 읽고 스스로 말하고 싶어 하도록 이끄는 것이기 때문이다. 내용을 정리하고, 내용에 대해 자신의 의견이나 느낌을 표현하는 일은 매우 어렵다. 따라서 성인들도 꺼려하는 일이다.

자신이 고른 책을 읽고(자율성), 자신의 생각이나 느낌을 말하는 경험을 얻는 일(유능성). 더불어 어설프고 부족한 자신의 생각이나 느낌을 말할 대상이 있다(관계성)는 사실은 아이의 내적 동기를 높여 준다.

아이에게 책 읽는 습관을 길러 주고 싶다면 이 세 가지만 기억해 주시면 좋겠다.

태어나서 성인이 될 때까지
교사가 하는 일

○

인간은 날 때부터 혼자 밥도 못 먹고, 똥도 못 싸고, 말도 못
하고, 움직이지도 못하는 미성숙의 끝판왕으로 태어난다.
아이가 자신을 좋아하는 한 명, 혹은 두 명의 성숙한 타인을
만나 차츰 혼자 밥도 먹게 되고, 똥도 싸고, 말도 하고, 움직
일 수 있게 된다.

말도 하고, 움직이기도 하자 어린이집에 다니기 시작한다.
날 때보다 조금 덜 미성숙한 또래들 몇 명이 모여 서로 이
야기를 나눈다. 아니, 마주 앉아 혼자 이야기를 한다. 그 사
적인 경계에서 친구라는 타인의 영역에 들어설 때 주의할
점을 새로운 성숙한 타인에 의해 배우게 된다. 아이들이 미
성숙한 만큼 손이 많이 간다. 하루 권장 수면 시간이 긴 아

이들에게 낮잠 시간이 주어진다. 어린이집은 정말 연예인들 근접 경호하듯이 붙어 있지 않으면 꼭 일이 생긴다. 힘들다. 아니, 힘들다는 말로는 다할 수 없다. 그렇다. 어린이집 선생님이 바로 그런 일을 하고 있다.

어린이집을 마치고 유치원에 가자 친구들이 많아졌다. 조금 더 성숙해졌지만 여전히 코 흘리고, 넘어지고, 혼자 돌아다니고, 양치질을 앞니만 한다. 그때마다 성숙한 타인이 지도해 준다. 마냥 놔두지 않는다. 유치원 교육과정이 있다. 온갖 교구들로 아이들의 인지를 자극시킨다. 주의 지속력이 낮은 아이들에게 처음으로 학습을 시키는 사람들. 그들은 얼마나 힘들까? 그렇다. 유치원 선생님이 바로 그 일을 하고 있다.

드디어 초등학교에 왔다. 세상에나. 전조작기에서 구체적 조작기로 넘어오는 1학년에서부터 형식적 조작기가 시작되는 고학년까지. 그야말로 발달의 스펙트럼이 가장 넓은 때가 초등학생 때다. 뿐인가? 어린이집, 유치원에 비해 학급당 학생 수는 얼마나 많은지. 발달도 다른 미성숙한 아이들이 한 곳에 떼로 모여 있다. 열 명이 교사 한 명을 둘러싸고 선생님과 이야기를 나누려고 하는 교실. 한 번에 한 친구하고 이야기하기에도 힘든데 열 명이라니. 매일, 매시간 아이들은 교사와 이야기하고 싶어 한다. 친구들보다 성숙한 타인이 바로 교사이기 때문이다.

중학생이 되었다. 초등학교에 비해 친구들이 사는 동네가 넓어졌다. 옆 학교 친구들도 같은 학교에 다닌다. 초등학교에 비해 성숙한 아이들이지만 여전히 미성숙하다. 하루도 거르지 않고 생기는 갈등과 오해를 풀기 위해 언제나 성숙한 타인을 필요로 한다. 그래서 아이들은 교무실로 몰려온다.

고등학생은 더 넓은 지역의 친구들이 모였다. 신체적·인지적 발달은 거의 완성된 상태다. 다만 잊고 있는 것이 하나 있다. 행위의 결과를 예측하고, 충동을 조절하는 데 도움을 주는 전전두엽의 성장이 미흡하다. 대체로 이성적이지만, 늘 이성적이지는 못하다. 그래서 성숙한 타인의 존재가 필요하다. 그렇다. 그들이 바로 고등학교 교사다.

동네와 마을, 그리고 도시를 넘어서 전국에서 또래가 모이는 곳. 대학이다. 세상에는 참 많은 사람들이 있고, 다양한 지역의 문화가 있다는 것을 조금, 아주 조금 알게 된다. 왜 조금이냐고? 이들은 공부를 하러 모였기 때문이다. 비슷한 수준의 지적 능력을 가진 전국 단위 또래 학습 공간. 그곳에 그들보다 성숙한 타인이 있다. 교수들이다.

군대. 전국에서 모인 서로 다른 지적 수준 또래 모임 공간. 주로 남성들이 모인다. 자신과 다른 사람을 만나서 일상을 함께 하면서 인생을 다르게 보는 기회를 얻게 된다.

직장. 연령대, 학력, 지역, 성별이 전부 다른 사람들이 모이는 곳. 하지만 시간이 지날수록 일상을 나누는 사람은 줄어든다. 자기 일에 익숙해지는 것이다. 다양한 층위의 사람들과 상호작용이 활발했던 대학과 군대 시절에 비해 직장 생활의 상호작용은 매우 미미하다.

바로 여기가 교육의 성과가 드러나는 갈림길이다.

다양한 연령층의 사람들과 상호작용하는가?
다양한 학력 수준의 사람들과 상호작용하는가?
다양한 사회경제적 지위의 사람들과 상호작용하는가?

어떤 사람과 만나도 편하게 이야기 나눌 수 있는 사람, 그런 사람을 만드는 게 교육의 목적인 것 같다.

아이들에게 성숙한 태도를
알려 주는 방법

○

해리는 한때 등교를 거부했다. 친구와의 갈등 때문이었다.
해리 어머니는 30분 가까이 나에게 화를 쏟아냈다. 친구와
갈등이 있어서 해리가 힘들어 한다며 짝을 바꿔 달라고 했
다. 나는 짝을 바꿔 주지 않았다.

여러 가지 이유가 있었고, 해리가 갈등을 극복할 수 있도록
도와줄 자신이 있었기 때문이다. 하지만 해리의 어머니는
아이의 고통이 온전히 내 책임이라고 주장하고 있었다.

해리가 정말 원하면 어머니의 뜻을 따르기로 했다. 그러나
먼저 해리와 이야기할 수 있게 학교에 보내 달라고 했다. 해
리와 이야기하며 지지하는 친구들이 있음을 상기시키고, 이
에 더하여 갈등이 있는 친구에게 더 성숙한 태도로 대응할

것을 권유했다.

나와 이야기하는 동안, 해리 스스로 자기 마음속에 친구를 꺼리는 마음이 있다고 말했고, 그 벽을 넘어서기 위해 같이 노력하기로 했다. 사실 아직도 그 벽을 넘어서기 위해 노력하고 있다.

해리 어머니는 다행히 나를 믿어 주었다. 그러나 교사의 이런 생활지도를 아동 학대라고 말하는 부모를 만난다면 어떨까? 교사를 신뢰하지 못하고 교단을 흔드는 부모를 만나면 어떻게 해야 할까? 교사는 학생의 문제 행동에 개입하는 것을 두려워하게 된다. 교사도 학생도 학부모도 모두 피해자가 되고 만다.

교사는 아이와 좋은 관계를 맺기 위해 노력한다. 따라서 아이의 감정을 읽어 주고, 아이가 자신의 감정을 표현하도록 돕는다. 자기 인식이 높아지면 자기 조절력도 향상될 것이라는 기대 때문이다.

한 가지 생각해 보자. 모든 사람은 동일한 상황에서 동일한 감정을 느끼게 될까? 웃으며 인사하는 타인을 보면 반가운 마음이 드는 사람이 있는가 하면 어떤 사람은 '뭐가 그렇게 즐거워?' 생각하는 사람이 있다.

그렇다. 감정은 개인이 행위에 대해 어떻게 해석하느냐에 따라 크게 달라진다. 많은 사람들이 상담을 받거나 정신과 치료를 받는 이유 중 하나가 이 때문이다.

지나치게 타인의 행동을 긍정하거나 부정한다. 과거의 경험 으로 현재를 판단한다. 따라서 현재의 맥락과 동떨어진 해 석을 하게 되고, 타인이 공감할 수 없는 감정을 경험한다. 행위에 대한 해석은 개인의 인간관이고 세계관이며 가치관 이다. 이때 필요한 것이 바로 도덕이고, 철학이다.

물론 아이들에게 배울 때가 있다. 하지만 모든 순간 아이들 에게 배워야 하는 것은 아니다. 아이들은 미성숙하며, 미성 숙하기 때문에 자기 조절에 실패할 가능성이 높다. 따라서 실수하고 실패하기 마련이다.

예를 들어 보자. 아이들이 싸웠다. 이때 잘잘못을 따지는 것 이 아이들을 더 성숙하게 만들까? 아니면 타인의 잘못된 행 동에 어떻게 하면 더 성숙하게 대응할 수 있을까를 이야기 하는 것이 좋을까?

당연히 후자다. 아이들에게 성숙한 태도를 알려 주기 위해 3월 초, 처음 만난 아이들에게 '도덕'과 '장애'에 대해 이야기한다.

도덕. 길〔道〕 자에 덕〔德〕 자를 쓴다. "사람이 사람답게 사는 길은 선을 실천하는 데 있다"는 말이다. 아이들에게 말한다. 학교에 다니는 이유는 사람답게 사는 법을 배우기 위해서라고. 욕을 하고 싶어도 욕하지 않고, 때리고 싶어도 때리지 않기 위해서라고. 더 나은 방법으로 갈등을 해결하는 법을 익히기 위해서라고.

따라서 아이가 문제 행동을 일으키면 되묻는다. 도덕적인 행위인지 아닌지를. 아이들은 스스로 말한다. 비도덕적인 행위라고. 지금 내 옆에 있는 이를 고통스럽게 했기 때문이다.

장애. '가로막을 장障'에 '거리낄 애㝵'를 쓴다. 나는 장애의 뜻을 두 가지로 해석한다. 하나는 자신의 성장을 가로막거나 성장에 도움이 되는 일을 거리끼는 것. 다른 하나는 사람과 사람 사이를 가로막거나 사람이 사람을 거리끼는 행위를 말한다.

장애물 달리기를 하는 장면을 떠올려 보자. 눈앞에 장애물이 있다는 것을 알면 더 이상 장애가 아니다. 장애물 그 자체는 우리를 더 성장시키는 도약대가 될 수 있다. 하지만 장애물을 볼 수 없다면 장애는 우리를 좌절시키는 커다란 장벽이 된다.

따라서 끊임없이 우리 마음속에 있는, 우리가 모르는 장애를 찾아야 한다. 그것이 자기 인식이 필요한 이유이고, 성숙해지는 길이며, 아이들이 행복해지는 길이다.
1년 동안 아이들과 나는 우리 마음속에 보이지 않는 장애를 찾아 그 벽을 하나하나 넘어서려고 노력한다.

아이들에게 설명한 뒤에는 이렇게 생활지도하는 까닭에 대해 '학부모 편지'를 통해 학부모들에게 안내하고 조언을 구한다. 더불어 매달 말에 아이들의 노력과 변화, 어떤 교육활동을, 왜 했는지를 알려 드린다. 몇 년째 실천하고 있는 일이다.

교육은 참 어렵다. 사람이 사람을 키우는 일은 정말 어렵다. 그러니 교사들의 생활지도를 위축시키기보다는 아이의 성장에 어떤 것이 도움이 될지를 함께 고민해 주시면 좋겠다.

말과 행동,
인격을 드러내는 법

○

어떻게 말하느냐, 어떻게 행동하느냐는 자신의 인격을 드러
내는 가장 손쉬운 방법이다. 아이나 어른이나 쉽게 뱉은 말,
무심코 한 행동으로 자신의 인격이나 진심을 드러낸다.

아이들이 함부로 말하거나 행동할 때 야단을 친다. 욕을 하
고 함부로 행동해서가 아니다. 욕을 하고 함부로 행동함으
로써 자신의 인격을 낮추었기 때문이다.

심리학자 데이비드 스콧 예거David Scott Yeager 등이 함께 연
구한, '높은 기준 + 확신'에 관한 논문이 있다.

교외 한 중학교 7학년생(만 12세) 44명을 연구 대상으로 삼

았다. 학생들은 자신이 영웅으로 여기는 사람에 대한 글짓기 과제를 제출해야 했는데, 교사들은 작문을 채점한 다음 평가와 피드백을 적었다.

이때 아이들을 두 집단으로 나누어 간단한 메모를 덧붙이게 했다.

첫 번째 집단은 "네 작문에 대한 내 의견을 조금 덧붙인다."고 썼고, 두 번째 집단의 과제에는 연구진이 '현명한 비판'이라고 부르는 것을 붙였다.

"내가 이렇게 말하는 건 네게 큰 기대를 하고 있기 때문이야. 선생님은 네가 할 수 있다고 믿는다."는 내용이었다.

평범한 메모를 받은 학생들 중 40퍼센트가 과제를 다시 제출했고, 현명한 비판을 받은 학생들은 80퍼센트가 작문을 다시 제출했다. 수정한 분량도 다른 집단보다 두 배나 많았다.

글짓기 과제에 대한 교사의 피드백은 결국 학생의 성장을 촉진하는 행위가 된다. 학생 능력의 한계를 판단한 것이 아니라 성장의 가능성을 가늠했기 때문이다.

교사의 기대를 받은 아이들은 더 높은 성과를 내게 된다. 그러니 어떻게 말하고 어떻게 행동해야 할까?

교사가 없을 때, 아이들은 주변 친구들의 평가에 기댄다. 친구들에게 좋은 평가를 받기 위해 어떻게 말하고 행동해야 할지, 좋은 평가를 받고 있는 친구들이 어떻게 하는지 잘 보고 한두 가지 정도만 따라해 보도록 해 본다.

아이들이 머리로 이해하고 가슴으로 납득하게 만들어 바로 이 지점까지 끌고 오는 것, 여간 어려운 일이 아니다. 그러나 그 효과는 확실하다.

○

문제 행동을 보이는 아이들에게도 스스로 잘 해내고 싶어하는 마음이 있다, 타인과 좋은 관계를 맺고 싶은 바람이 있다.

스스로 할 기회를 주는 것, '유능성'을 발휘할 수 있도록 기다려 주는 것, 좋은 관계를 맺기 위해 어떻게 말하고 행동해야 하는지 잘 안내해 주는 것이 교사의 역할이다.

학급에 필요한 역할을 스스로 찾게 하고, 이름을 붙이게 하고, 자신의 성장에 도움이 되는 목표를 정하도록 하고, 목표를 실천한 만큼의 스티커를 스스로 붙이게 한다. 이 과정이 '자율성'과 '유능성'을 경험케 한다.

실천하지 않고 스티커를 붙이는 친구가 있다고 이르는 아이도 있다. 하지만 스티커를 붙이는 것보다 더 중요한 것은 자신이 세운 목표를 날마다 실천하고 성장하는 것임을 이야기해 준다.

실천하지 않고 스티커를 붙이는 행위는 자신을 속이는 일이고, 자신의 성장에 방해가 되는 나쁜 습관이므로 결국 자신에게 해가 된다는 것을 알려 주는 것이다.

아마도 보이지 않는 곳에서 실천했을 것이라고 믿는다고 말해 준다. 그 무조건적 신뢰가 관계성을 증진시킨다. 중요한 것은 교사와 학생의 신뢰 관계이지, 그날 하루의 실천 여부가 아니기 때문이다.

이에 더하여 학교에 와야 하는 이유, 공부를 해야 하는 이유, 체육 시간에 숨이 차게 움직여야 하는 이유, 급식을 골고루 꼭꼭 씹어 먹어야 하는 이유 등 자신의 성장에 필요한 모든 것을 하나하나 자세히 설명해 준다.

아이들이 더 성숙하고 유능해지기 위해 무엇을 어떻게 노력해야 하는지 안내해 주는 것이다.

자율성, 유능성, 관계성을 놓지 않을 것! 내가 학급 운영을
할 때 잊지 않으려 하는 원칙이다.

4부

교사가 할 일을 제대로 하게 하라

믿기 힘든 일

깊은 밤, 해가 뜨기를 기대하는 일
한겨울, 봄이 오기를 기대하는 일
마른 흙에서 싹이 트기를 기대하는 일
이등병, 제대하는 날이 오기를 기대하는 일

하지만 그 무엇보다 믿기 힘든 일

네가 나보다 훌륭하게 성장할 거라고 기대하는 일
그 믿기 힘든 일을 하는 사람

바로 부모와 교사

학교가 할 일을
제대로 하게 하라

○

2017년 12월 유시민 작가가 초등학교 빈 교실을 보육 시설로 활용하자는 청와대 청원을 올렸다. 전직 보건복지부 장관이자 정치인 출신의 작가가 청탁이 아닌 청원을 하면서 '교육'을 생각하는 그의 진심에 대중은 열광적으로 반응했다.

사교육비 경감을 위해 학교에는 '방과 후 학교'가 생겼고, 돌봄이 필요한 1, 2학년 아이들을 위해 '돌봄 교실'이 생겼으며, 문재인 정부는 '12시간 돌봄'을 공약으로 내놓고 이를 정책으로 추진하려고 한다. 나는 걱정이다. 이 모든 일을 교사가, 학교가 떠맡는 것이 옳은가?

초등학교의 교과는 국어, 수학, 사회, 과학, 영어, 음악, 미술, 체육, 실과 및 창제 등으로 이루어져 있으며 각 교과별 수행 평가 항목은 평균 네다섯 개 정도 된다. 월별로, 하위 영역별로 평가한다. 평가는 피드백 형식이다.

피드백은 학생의 성취에 매우 중요한 요인이며 평가는 곧 교육과정의 범위와 내용에 결정적 영향을 준다. 아이의 무엇을 발달시키고, 성장케 하느냐에 직접적 영향을 주기 때문이다.

학습에는 반드시 정서가 영향을 준다. 이는 교사와 학생의 관계가 어떠하냐가 학업 성취에 중요하다는 말이다. 교사와 학생 관계의 핵심은 교사가 학생에게 기울이는 관심의 양과 질로 결정된다.

학생에 대한 관심의 양과 질은 교사·학생 관계 뿐만 아니라 학생의 성취에 대한 적절한 피드백의 양과 질에도 영향을 준다.

학생에 대해 전반적이고 깊은 이해가 선행되어야 효과적인 피드백이 가능해지며, 이는 학생의 성장과 발달을 최대로 촉진하는 유일한 방법이다.

학생의 신체적·인지적·정서적 발달에 영향을 미치는 요인은 셀 수 없이 많다. 부모의 관계, 부모와 자녀의 관계, 부모의 생활 패턴, 거주지 환경, 수면, 섭식, 등하교 방법 및 환경, 아이의 인지능력, 사회성, 정서 지능, 또래 친구들의 성격과 놀이 형태, 애착 등 굳이 따지자면 쉽게 가늠할 수 없을 만큼 많은 요인이 영향을 준다.

아침에 아이들 한 명 한 명과 눈 맞춤을 하며 기분을 읽어주고, 인사를 나누며, 서로의 마음을 나눈다, 40분 수업에 30여 명의 아이들이 어떤 마음으로 수업에 임하고, 어떤 노력을 기울이는지 살피며, 적절한 때에 효과적인 피드백을 주기에도 모자란다.

수업이 끝나고 나서도 아이들의 노력에 대한 피드백과 수업에 대한 성찰, 수업에 대한 계획을 수정하고 개선한다. 퇴근 후에도 수업에 대한 고민, 아이들의 더 나은 성장에 대한 고민이 이어진다.

학교는 아이들의 성장과 발달을 최대한 끌어내는 곳이어야 하고, 교사는 학교가 해야 할 역할의 가장 중심에 있다.
그런 학교가 사교육비 경감을 위해 '방과 후 학교'를 맡고 있고, 돌봄이 필요한 아이들을 위해 '돌봄 교실'을 맡았으며, 급기야는 빈 교실에 '보육 교실'까지 맡으라고 한다.

'방과 후 학교'도 '돌봄 교실'도 승진 가산점을 주며 교사에게 맡겨 온 전철을 생각할 때 '보육 교실'을 대하는 교사들은 어떤 생각을 하게 될까?
'방과 후 학교'와 '돌봄 교실'을 지자체로 넘기자는 교사들의 목소리에는 귀를 닫은 사회에서 학교의 미래는 어떻게 될까?

학교가 본연의 역할에 충실할 수 있도록 만들고 싶다. 그것이 아이들을 위한 일이고, 우리의 미래를 위한 일이다. 더 이상 학교에게 학교가 해야 할 일을 하지 못하도록 만들지 않았으면 좋겠다.

어린이가
우리의 미래입니다?

○

"어린이가 우리의 미래입니다!"
어릴 적에는 이 말에 책임감을 느꼈다. 어른들이 우리에게
거는 기대구나. 그렇다면 내가 열심히 공부해야 하는구나.

그러나 현실은 그렇지 못하다. 학교 공사비의 30퍼센트를
남겼다는 어느 공사 관계자의 이야기를 들었다. 우리 사회
가 아이들을 대하는 태도구나 싶었다.

지금은 돌아가신, 간판 일을 하시던 분에게 15년 전에 들은
이야기다.
"학교 공사비의 10퍼센트는 교장선생님에게 드렸어요."
교장들이 교육을 대하는 태도였다.(사립유치원이 에듀파인 도

입을 반대하는 이유가 여기에 있다.)

5학년 반을 맡았을 때 옆 교실에 1학년과 2학년 아이들이 있었다. 아이들은 복도와 화장실을 오가며 큰소리로 친구와 이야기했다. 특별실로 이동할 때도, 복도에 나와서 활동을 할 때도 있었다.

교실 문을 꼭 닫고 수업을 하지만 1, 2학년 아이들과 같은 공간에 있는 느낌을 받는다. 교실 문을 닫아도 아이들 목소리가 다 들린다. 이게 아이들 탓인가?

아이들이 하교하고 교무실에서 회의를 할 때가 있다. 복도에서 뛰는 아이, 큰소리로 친구를 부르는 아이, 이야기하는 아이들이 있다. 교무실 밖으로 나가 아이들에게 조용히 해 달라고 부탁해야 한다.

교실과 복도를 가르는 것은 나무 창문과 나무 문뿐이다. 나무 문 틈새로 복도가 보일 정도로 틈이 크다. 이렇게 열린 공간에서 우리 아이들이 수업을 하고 있다.

어른들이 모여서 회의를 하기에도 어려운 공간. 하물며 아이들이 모여서 수업을 듣기에는 얼마나 부적절할까?

학교 화장실에서 아이들이 똥을 누고도 물을 내리지 않는 경우를 종종 본다. 왜일까? 학교 건물을 짓는 데 최저가 입찰을 하다 보니, 아이들이 쓰는 화장실에서 물이 잘 내려가지 않는 일이 생긴다. 버튼 한 번에도 물이 잘 내려가는 가정의 변기와 힘들여 꾹 눌러야 하는 학교 변기가 다르기 때문이다. 그것을 모르는 아이가 한 번 눌러서는 똥이 내려갈 수가 없다.

아이들이 우리의 미래라니. 글쎄. 사회가 교육을 대하는 말과 행동이 이렇게 다르다.

수업과 학생이
가장 중요한 학교가 되기를

○

이른 아침. 아무도 없는 학교. 가장 먼저 주차장에 들어선다. 교실 문과 창문을 열고 환기를 시키고 컴퓨터를 켠다.

컴퓨터 로딩 시간을 계산하고 연구실 커피포트에 물을 받아서 데운다. 커피 잔에 커피를 타고 데운 물을 따른다. 아직 컴퓨터는 로딩 중이다.

아. 오늘은 수요일. 보안 점검의 날. 비밀번호를 바꾸고 안전 점수 100점을 획득. 어느새 15분이 지나갔다. 금쪽 같은 아침 시간.

업무 포털에 로그인한 후 다시 업무 관리 사이트로 들어갔다. 공람된 공문의 제목을 쭈욱 훑어보고, 접수해야 할 공문을 읽는다.

이어서 자료 집계에 들어간다. 오늘까지 보고해야 할 공문이 세 개. 연락해야 할 학년은 1, 2학년. 아, 오늘 오후에 출장인데. 오전에 끝내야 하는구나.

마음이 급해진다. 빨리 처리하지 않으면 교무실에서 메시지가 올 것이다. 교육청에서 '근무평정점수'를 받으시는 교감 선생님에게는 교육청 협조가 중요하기 때문이다.

수업보다 중요한 교육청 업무. 교감 선생님을 이해한다. 교감도 부장처럼 보직제*라면 저렇게 안 하실 텐데. 아마 스스로도 자괴감을 느끼시겠지.

학부모 민원이 왔다는 메시지. 선생님들 출근 시간이 40분인 걸로 아는데 45분에 출근하는 선생님이 계시다고. 아침에 아이 유치원 데려다 주고 오시는 선생님이었다.

＊ 보직제 : 승진 가산점을 통해 전직하는 것이 아니라 교사들 중에서 배치해 업무를 맡기는 방식.

앞으로 지각을 할 경우 사유서를 쓰도록 하겠다고 한다. 교장 선생님을 이해한다. 교육청에 민원 넣으면 교장 평가가 나빠질 테니. 아마 말씀하시면서도 미안하시겠지.

학생 만족도는 낮으나, 학부모 만족도가 높은 행사가 있다. 학교는 어느 쪽을 선택할까? 빙고. 학부모 만족도다. 학부모가 원하는 대로 하지 않으면 민원의 소지가 있으니까.

왜 민원에 벌벌 떨까? 교육청에서 감사가 나오고 교장·교감의 승진과 전보에 영향을 주기 때문이다.

학생 중심 교육, 현장 중심 교육이 중요하다는 것은 이론의 여지가 없다. 다들 동의하고, 전부 공감한다. 그러나 학생 중심 교육, 현장 중심 교육은 그림의 떡이고, 남의 나라 이야기다.

수업보다 중요한 교육청 업무, 수업보다 중요한 민원이라는 잘못된 관행이 깨지지 않는 한 절대로 불가능하다.
그렇다면 어떻게 이 벽을 넘어설 수 있을까?

첫째, 내부형 교장 공모제다. 교장으로의 승진과 전보에 교육청의 권한이 사라지면 학교는 교육청 업무보다 수업을 우선시할 수 있게 된다. 지금의 승진 가산점 제도를 일몰화[*] 시키고 교사가 수업과 생활지도에 전념할 수 있도록 환경을 구축하는 데 집중하는 교장이 선출되도록 하는 것이다.

둘째, 학부모의 교육에 대한 이해를 높인다. 이는 현행 교육과정 설명회의 질적 향상을 통해 도모한다. 각 학교의 교육 철학을 소개하고, 이를 실현하기 위한 이론과 방법을 체계적으로 안내하도록 하는 것이다. 각 학년 부장, 혹은 중견 교사들을 중심으로 학부모 연수 계획을 만들어 매월 학부모와 함께 하는 교육 연수를 진행하는 것도 한 가지 방법일 것이다.

정리하면 교사가 수업과 생활지도에 전념할 수 있도록 제도를 마련하고, 학부모와 정기적·교육적 의사소통의 통로를 만들어 교사에 대한 신뢰를 확보하는 것이 핵심이다.

이는 교사의 전문성 향상에도 도움이 될 것이고, 학부모의 공교육에 대한 이해를 높일 것이며, 학생의 전반적 학교생활 만족도 역시 높일 것이다.

---

[*] 승진 가산점 제도 일몰화 : 기한을 정하여 지금까지 시행된 가산점 제도로 얻는 가산점 활용 대상자가 퇴직할 때까지만 제도를 유지시키는 방식.

기초학력 부진아 지도의
문제점과 해결책에 대하여

○

해마다 3월이면 진단 평가를 한다. 진단 평가를 통해 교과 부진으로 판정된 아이들은 다시 기초 학력 진단 평가를 받는다. 여기에서도 기초 학력 부진으로 평가된 아이들은 별도의 교재를 통해 부진아 지도를 받게 된다. 물론 반드시 부모의 동의가 있어야 한다.

과거와 달리 부진아 지도에 동의해 주는 부모가 거의 없다. 이름에서 풍기는 뉘앙스 때문인 것 같아 이름을 바꾸지만 방과 후 보충 지도 그 자체가 이미 부진아로 '낙인' 찍힐 우려를 낳아서인지 참여가 매우 낮다.

부진아 지도를 해서 재평가를 통해 구제한다. 하지만 기나

긴 겨울 방학이 지나고 새 학년이 되면 이 아이들은 다시 부진아가 되어 돌아온다. 무엇이 문제일까?

◈ 발달의 개인차

인간의 발달은 개인차가 있다. 특히 무작위로 학급에 배정되는 아이들의 개인차는 그야말로 천차만별이다.

신체 발달은 어떤가. 저작 기능과 관련된 치아 발달의 개인차, 키와 몸무게, 시력, 균형감, 민첩성, 유연성, 지구력, 폐활량 등 개인 간 차이는 물론 발달 속도에 대한 개인 내 차이도 크다.

이 중 눈에 잘 보이지 않는 영역이 하나 있다. 정서 발달이다. 정서 발달은 측정 대상의 연령에 따라, 관찰자(교사나 부모 등)에 따라 평가가 달라진다. 이는 아이의 말과 행동을 통해 짐작해야 하며, 오랜 시간의 관찰과 관심이 필요한 일이다. 따라서 때로는 부모가, 때로는 교사가 더 잘 평가하기도 한다.

또 하나. 정서는 인지능력의 개인차를 일으키는 요인이라는 점이다. 부모나 교사와 함께 있을 때 풀 수 있었던 문제를 시험을 보면 틀린다. 정서 때문일 가능성이 높다. 불안이 높으면 과도한 신체적 긴장이 일어나고, 전체가 아닌 부분을 보게 해서 곱셈식을 나눗셈식으로 계산하게 되거나, 혹은 덧셈식을 뺄셈식으로 계산하게 만든다. 논리적·추상적 사고가 아닌 자동적 사고에 의존하게 만드는 것이다.

그래서 자기 조절이 학습 능력에 영향을 주는 중요한 변인 중 하나일 것이다. 자기 조절, 만족 지연 능력은 결국 신뢰할 수 있는 양육 환경과 관련이 있으니 근접한 곳에서 적절한 반응을 보여 주는 부모와 교사의 역할이 얼마나 중요한지 새삼 확인하게 된다.

◈ 학습 내용의 결손? 학습 능력의 부진?

보충 지도는 한 가지 전제가 있다. 학습 부진은 '노력, 혹은 경험의 부족'이라는 것이다. 배울 기회가 있었음에도 학생 개인이 노력을 하지 않았거나, 배울 기회가 적어서 적절한 피드백을 받지 못해 성취가 낮다는 것이다. 이에 대한 해결책은 대체로 한 가지 방법으로 귀결되는 것 같다. 보충 지도다.

보충 지도는 효과가 즉각적이다. 왜 그럴까? 대상이 소수이기 때문이다. 교사가 지도해야 할 학생 수가 교실 수업에 비해 극단적으로 적다. 이는 피드백의 양과 질을 담보한다. 이는 다시 학습 경험 부족과 학습 능력 부진에 의한 낮은 성취를 막아 준다.(그래서 학급당 학생 수가 중요하다. 결국 돈이다.)

보충 지도를 통해 성취를 높인 아이들이 교실로 돌아간다. 돌아가면 낮은 성취가 반복된다. 왜 그럴까? 환경이 달라졌기 때문이다. 늘 아이 옆에서 주의를 지속하게 만들고 즉각적인 피드백을 주던 교사가 사라졌기 때문이다.

학습 내용의 결손이건, 학습 능력의 부진이건 둘 다 교사의 적절한 피드백과 수업이 결정적이다. 효과적인 피드백의 세 가지 조건. "즉시, 자주, 간격을 좁게" 학생에게 피드백을 제공하려면 학생 가까이에 교사가 있어야 하고, 학생의 수행에 교사가 적절한 피드백을 제공해 주어야 하는 것이다.

학습 내용이 결손일 경우 적절한 피드백은 목표로 한 성취 수준에 빠르게 도달할 수 있게 하고, 학습 능력의 부진인 경우 적절한 피드백은 인지능력 향상을 도와주는 훈련의 일종이기에 도움이 된다.

아이들의 기억력, 이해력, 주의집중력, 사고력, 창의성 등은 전부 상호작용을 통해 촉진된다. 특히 학습 능력이 부진한 아이들일수록 상호작용은 성장의 중요한 디딤돌이 된다. 보충 지도는 바로 이런 점에서 중요하다.

이때 프로그램 운영 내용과 보충 지도를 하는 교사와의 관계가 보충 지도에 참여하는 동기의 지속성에 영향을 준다. 프로그램 구성이 수행 목표 중심이냐, 숙달 목표 중심이냐. 학습 결손 보충 중심이냐, 학습 능력 향상 중심이냐. 학습을 지속하기 위해서는 숙달 목표 중심이어야 하고, 학습 능력 향상 중심이어야 한다. 자기 능력의 향상을 느끼고, 경험하도록 만드는 것이 중요하다.

따라서 기억, 이해, 주의집중, 사고를 신장하는 활동이어야 하며, 숙달 목표를 제시해야 하고, 학생이 유능감을 경험해야 한다. 어떻게 해야 할까? 프로그램은 크게 두 가지 방향으로 생각할 수 있다.

정적인 실내 활동으로는 악기를 연주하거나 노래를 부르는 활동, 선을 그리는 활동, 명도와 채도에 따라 색을 칠하는 활동, 단순하지만 시각적 주의력과 기억력을 키우는 치킨 차차,* 도블,** 숫자 받아쓰기, 숫자 빼기, 낱말 거꾸로 말하기, 자모음 찾기 등 활용 가능한 활동은 참 많다.

동적인 실외 활동은 어떤가? 근력과 심폐기능, 지구력은 상황과 맥락에 맞게 행동을 조절할 수 있는 능력을 키워 준다. 따라서 각종 놀이나 체육 활동을 통한 신체적 움직임은 학습 능력 향상을 촉진시킨다.

그래서 최대 심박 수의 75퍼센트~85퍼센트에 이르는 신체 활동을 일주일에 세 번 이상 꾸준히 하는 것이 중요하다.

여기서 또 하나 주의해야 할 단어가 있다. 바로 심박 수다. 신체 발달에 따라 움직임이 민첩하기도 하고 둔하기도 하다. 하지만 둔한 움직임이라고 심박 수까지 느린 것은 아닐 수 있다. 체격이 크건 작건 사람마다 주어진 심장 기능의 차이가 있다. 그래서 심박 수를 재는 도구를 활용한다. 아이들 팔목에 심박 수를 재는 기구를 착용토록 하고 신체 활동을 하면 최대 심박 수 도달 여부도 확인할 수 있고, 신체 활동 시간의 비율을 데이터로 볼 수 있다.

＊ 치킨차차 : 어린이용 보드 게임. 치킨 올림픽 경기장에서 깃털 뽑기 경주가 열린다. 기억력이 좋을수록 곳곳의 장애물을 피해 가기 쉽다.
＊＊ 도블 : 유아용 보드 게임. 장마다 8개의 그림이 그려져 있는 카드 55장이 들어 있다. 장마다 딱 한 개의 그림만 같고 나머지 일곱 개의 그림은 다르다. 같은 그림을 찾아내는 게임.

◈ 수업과 학생 수, 그리고 보충 지도

앞서 언급한 대로 학업 성취에 미치는 중요한 변인은 교사가 학생에게 주는 피드백의 양과 질이다. 따라서 학급당 학생 수는 적으면 적을수록 좋다. 교사가 수업에 집중할 수 있는 환경을 마련하는 것이 중요하다.

그러나 현실은 달랐다. 결재를 위해 한자리에 머물러 있는 교장과 교감은 없기 때문이다. 각종 출장과 회의 등으로 늘 부재하기 마련이었고, 이는 다시 내부 결재 중 전결 사항을 정하기에 이르렀다. 부장, 교감, 교장까지 업무의 경중에 따라 결재 라인을 다양화함으로써 빠른 업무 처리를 표방했다. 그렇다. 어디까지나 겉으로 드러냈을 뿐이다.

또한 보충 지도 자체가 업무가 된다. 학생 개개인에 대한 이해가 부족한 기초 학력 업무 담당 교사가 학교 전체 프로그램을 계획 운영하고, 이를 교육청에 보고한다. 뿐인가? 프로그램의 효과를 검증할 도구는 부재하고, 도구가 있더라도 이를 평가할 수 있는 전문성을 갖춘 인력은 전무하다시피 하다.

이런 상황에서 기초 학력 부진아 지도의 근본 해결책은 무엇일까?

첫째, 교사가 수업과 생활지도에 전념할 수 있는 학교 문화 정착이다. 교사가 업무보다 학생 가까이에 머물러야 한다(근접성). 학생의 수행에 즉각적이고 적절한 피드백을 해 주어야 한다(반응성). 이는 혁신 학교의 출발점이 되었던 남한산초등학교를 떠올리면 이해하기 쉽다. 혁신 학교란 교사와 학생이 얼마나 자주 상호작용을 할 수 있는가의 여부로 결정되는 것이지, 교육청이 혁신 학교로 지정한다고 되는 것은 아니라고 생각하는 이유이기도 하다.

둘째, 학업 성취에 영향을 미치는 신체·인지·정서 발달을 종합적으로 고려한 프로그램이 마련되어야 한다. 다시 말해서 다수의 학생과 함께 학습하는 공간에서도 평균 수준 이상의 학업 성취를 경험할 수 있는 학습 능력을 신장하는 프로그램이어야 한다. 지금처럼 학습 내용 결손을 보충하는 보충 지도 방식은 교실로 돌아오면 낮은 학업 성취로 회귀할 가능성이 매우 높기 때문이다.

셋째, 학습 능력에 영향을 미치는 수면 습관, 식습관, 여가 활동의 종류 등에 대해 적절히 통제할 수 있는 학부모 안내와 교육이 이뤄져야 한다. 학업 성취가 높은 학생과 낮은 학생의 결정적 차이는 생활 패턴에 있는 경우가 많다. 불규칙한 수면 패턴, 치우친 식단, 편향된 여가 활동은 신체·인지·정서 발달을 가로막는다. 이 요인들이 뇌 발달과 신체 발달의 불균형을 초래하고, 이는 낮은 주의 집중 및 충동 조절에 영향을 주기 때문이다.

넷째, 보충 지도나 학부모 교육에 대한 강제 권한을 생각해 볼 수 있다. 학교에서 보충 지도를 하면 자신의 아이가 부진아라 낙인찍힌다고 여기는 분들이 많다. 사실 학교에서 기초 학습 부진아 지도는 기피 업무다. 어렵기 때문이다. 공부하기 싫어하는 아이들, 앉아 있으나 이해하려는 노력을 하지 않는 아이들. 무엇보다 학교가 아닌 학원을 신뢰하고 기대하는 학부모들에게 기초 학습 부진아 지도는 학생의 권리를 침해하는 행위인 셈이다.

그래서 몇 년 전 기초 학습 부진아 지도가 아니라 '기초 학습 능력 향상 프로그램'이라는 이름으로 1년간 운영한 바 있었다. 학부모들은 물론 학생들의 반발과 불참을 막기 위해서였다. 사실 학습 내용 결손을 보충하는 수업은 하나도 없었다. 전부 인지·정서·신체 발달을 촉진하기 위해 고안된 프로그램들뿐이었다. 그런데도 학원 시간에 밀려 조금씩 참가 학생이 줄어들었다. 학부모들 역시 적극적이지 않았다. 경험적 연구에 따르면 기초 학습 보충 지도보다 기초 학습 능력 향상 프로그램이 훨씬 효과적이었다. 그 이유는 딱 하나. 학습 능력 향상 때문이 아닌가 싶다.

결론을 내려 보자. 부진아 지도는 어렵다. 더구나 학생 가까이에서 학생에게 적절한 피드백을 제공하는 일은 매우 높은 전문성을 필요로 한다. 아이의 발달과 성장에 대한 깊은 이해를 가진 교사와 학생의 말과 행동에 대해 깊고 오래된 관심과 관찰을 할 수 있는 학교 문화. 이는 교사들의 자생적인 공부 모임과 교사의 수업과 생활지도를 지원하는 행정 시스템에서만 가능할 것이다.

모든 책임은
학교가 진다

○

미세먼지가 심각해졌다.

"휴교를 검토하겠다."

서울시장이 말했다. 휴교하면 우리 애들은 어디에 있어야

하지? 미세먼지가 계속 심하면 휴교도 계속하는 건가? 학

교가 휴교하면 우리 회사도 쉬나? 가만. 그런데 휴교령은

시장이 아니라 교육감 권한 사항이라고?

아이를 맡길 데가 없다.

"돌봄을 검토하겠다."

대통령 후보가 말했다. 저녁 돌봄, 야간 돌봄, 아침 돌봄. 밤

열 시까지 모든 초등학교에서 아이를 돌봐 주겠다고 공약했

다. 학교는 아이를 돌봐 주어야 하므로 바닥 공사를 시작했

다. 수업이 끝나고 교실에 남아 있는 아이들은 선생님의 돌봄을 받는다.

선생님은 돌봄 프로그램도 짜야 하고, 돌봄 강사도 채용해야 한다. 돌봄 강사 채용을 위해 공고를 띄우고, 접수를 받고, 면접 날짜와 장소를 정하고, 면접을 한다. 강사들 근무 태도도 살펴봐야 하고, 돌봄 아이들 지도에 문제가 없는지도 살펴야 한다.

어떤 아이가 학교에 오래 남고 싶어 할까? 아이들이 저학년일 때는 법으로 조기 퇴근을 강제하거나 지자체에서 책임지고 전문 인력을 채용해 돌봐 주는 방법을 생각할 수는 없는가?

학부모의 사교육비 부담이 엄청나다.
"방과 후 학교를 검토하겠다."
학부모들에게 안내장을 내보낸다. 방과 후 프로그램 수요조사를 한다. 수요 조사 결과에 따라 필요한 강사를 모집한다. 서류를 확인한다. 범죄 경력 조회를 한다. 학교 업무와 일정을 피해 면접 날짜와 장소를 정하고 면접을 한다. 강사의 근무 태도를 점검한다.

방과 후 프로그램 안내장을 만든다. 접수를 한다. 스쿨 뱅킹으로 돈을 받는다. 미납자 확인을 한다. 납부를 재촉한다. 프로그램 신청을 취소하는 아이가 있다. 환불을 한다. 방과 후 프로그램 운영 시간 및 장소 안내를 한다.

방과 후 프로그램 참가 학생의 결석 확인을 한다. 강사비, 프로그램 재료비 구입 기안을 하고, 결재를 받는다. 프로그램은 많으면 스무 개 이상, 적으면 열 개 미만. 만나야 할 강사는 수십 명이고, 전화와 문자를 돌리는 데 걸리는 시간만 몇 시간인지 모른다.

면접 일정과 시간을 확인해야 하고, 면접에 오는지 안 오는지도 확인해야 하며, 채용이 되었는지 안 되었는지도 전달해야 한다. 방과 후 프로그램 만족도 조사도 해야 한다. 이걸 1년에 4번. 분기마다 다시 해야 한다. 모두가 교사의 일이다.

방과 후 업무가 힘들다고 했더니 '방과 후 코디'를 30만 원 정도에 채용하란다. 이젠 그마저 예산이 없다고 학교에서 알아서 하란다. 도대체 선생님은 언제 아이들을 가르칠까? 그래서 서울은 방과 후 학교를 업체에 맡기기도 했단다. 그런데 업체가 강사들 인건비를 떼먹는 경우가 생겼다. 그렇다. 기업은 이윤을 남기는 게 목적이니까. 그래서 성남이나 도봉구는 지자체에서 책임을 진단다.

현장 체험 학습 안전사고가 일어났다.
"안전 교육을 늘리겠다."
교사들의 체험 학습 안전 책임을 강화하겠다고 교육부가 말했다. 학부모와 교사가 함께 체험 학습 사전 답사를 가야 한다. 체험 학습 가는 곳의 정수기 수질 안전 검사서, 식당의 화재 안전 점검표 등을 확인한다.

아이들이 타는 버스의 타이어도 보고, 운전자의 음주 여부도 확인하고, 아이들 데리고 체험 학습을 갈 때 확인하고 검토해야 할 사항이 수십 가지다. 교사들이 프로그램 자체에 대한 이야기를 하지 않고 아이들 안전에 대해서만 이야기한다.

궁금증이 생긴다. 국가나 정부가 허가를 내준 업체와 계약을 했다는 것은 정부나 지자체가 전문가를 통해 안전을 인증했다는 증거인데 도대체 왜 교사가 프로그램 자체가 아닌 안전에 대해 더 주의를 기울여야 할까? 혹시 사고가 나면 교육부 매뉴얼대로 하지 않은 교사의 책임이라고 말하기 위해서가 아닐까?

영어 교육이 중요하다.

"영어 수업을 늘리겠다."

이명박 정부 시절 '어륀지 교육'을 말하던 이들이 학교의 영어 시수를 늘려 놓았다. 영어를 가르칠 교사가 필요했고, 한시적으로 영어 전문 강사를 채용하라고 교육부는 말했다.

'한시적'이라더니 영어 교원 임용이 늘지 않고 있다. 1인당 학생 수가 15명으로, OECD 평균보다 낮아서란다. 수업 안하는 교사들을 통계에 포함시켰다는 사실은 감춘다. 수업만하는 교사를 기준으로 하면 25명을 넘는다.

안전 교육 51시간, 영양 교육 연간 2시간, 인터넷 중독 예방 교육 연간 1회 이상, 학교폭력 예방 교육 학기별 1회 2시간씩 연간 4시간, 아동 학대 예방 교육 연간 8시간 이상, 가정폭력 예방 교육 연간 1시간 이상, 교통안전 교육 연간 10시간 이상, 실종 유괴 예방 교육 연간 10시간 이상, 생명 존중 교육 연간 4시간 이상, 학생 인권 교육 학기당 2시간 이상, 재난 대비 안전 교육 연간 6시간 이상, 약물오남용 예방 교육 연간 10시간 이상, 성교육 연간 20시간 이상, 장애 인식 교육 연간 1시간, 통일 교육 연간 10시간 이상.

해마다 교육과정 안에서 실시해야 하는 각종 교육 관련 특별법으로 정해진 수업 항목이다. 단순 계산으로 약 140시간이다. 몇 시간을 실시했는지도 보고해야 한다. 연간 창의적 체험 활동 시간은 102시간. 창의적 체험 활동? 글쎄? 도대체 무엇이 창의적 체험 활동인지 모르겠다.

국공립 어린이집이 부족하다.
"학교에 빈 교실이 늘어나니 어린이집을 설치하겠다."
일찍 아이를 맡겨야 하는 부모, 늦게 맡겨야 하는 부모, 아이를 일찍 데려가는 부모, 늦게 데려가는 부모 등 가정마다 상황이 다 다르다. 수시로 학교에 드나들어야 한다. 그런데 정작 교사인 내 아이 안전은 누가 책임지지?

북유럽 교육이 인기다. 학교에 흡음, 방음, 차음 시설이 된 음악실에서 마음껏 노래하고, 다양한 악기 연주도 하는 학교가 텔레비전에 나온다. 목공 수업도 할 수 있는 학교, 비가 오거나, 미세먼지가 심한 날 실내에서 체육 활동을 할 수 있는 교실, 모둠별로 회의할 수 있는 공간이 학교 곳곳에 있는 꿈의 학교. 우리나라도 북유럽처럼 하면 안 되나? 아니다. 빈 교실은 어린이집으로 내주어야 한다.

모든 책임은 학교가 진다. 아니, 우리 사회는 모든 책임을 학교에 던진다. 사회를 위한 교육을 하라고 해 놓고 생긴 문제는 온통 학교에 미뤄 버린다.

미세먼지가 심하면 학교가 휴교하면 되고,
아이를 돌봐 줄 곳이 없으면 학교에 '돌봄 교실'을 만들어
교사들에게 돌보라고 하면 되고,
사교육비 부담이 크면 학교에 '방과 후 학교'를 만들어 운영
하라고 교사들에게 시키면 되고,
체험 학습 안전이 문제면 체험 학습 실시를 까다롭게 만들
어 교사들에게 책임을 미루면 되고,
영어를 가르칠 교사가 모자라면 돈도 아낄 겸 계약직 영어
전문 강사를 채용하면 되고,
창의적 체험 활동 창의적으로 짜기 힘들 테니 각종 법령에
따르라고 하면 되고,
국공립 어린이집이 모자라면 빈 교실에 어린이집을 만들어
교사들이 운영하라고 하면 된다.

자, 이제 다음은 아이들이 놀 줄 모르니 학교에서 세 시까지
놀이를 가르친란다. 수업 준비는 도대체 언제 하나?

학교 안전은
학부모가 책임진다

○

학교 안에는 갖가지 학부모 디폴트가 있다. 학부모의 의사
와 상관없는 디폴트 값이 정해져 있다.

디폴트란 사실 응용 소프트웨어나 컴퓨터 프로그램, 또는
장치에서 사용자의 개입 없이 자동으로 할당되는 설정, 또
는 값을 말한다.

학부모의 의사와 상관없이 자동으로 할당되는 설정 값. 이
것이 학부모 디폴트다. 예를 들면 이런 거다.

등교 안전을 위해 '녹색 학부모회'(원래 '녹색어머니회'였다가
맞벌이가 늘어나고 여성에게만 주어지는 의무 같아서 명칭이 변경
된 것 같다.)가 있다.

등교 길 안전사고 예방을 위해 과속 방지턱과 과속 카메라

설치 및 과태료 부과 대신 학부모의 봉사로 가름한다. 이는 교사와 학부모의 갈등을 초래한다.

하교 안전을 위해 '어머니 폴리스'도 운영한다. 매일 두 명씩 짝을 이뤄 학교 주변 순찰을 한다. 아이들 하교 시간에 맞춰 학교폭력이 일어나는지 순찰하고, 아이들 안전을 살핀다. 일선 경찰의 인력 부족을 학부모가 부담하는 셈이다. 맞벌이 부부가 많은 학교는 인원을 채우기가 여간 어려운 일이 아니다.

체험 학습 안전도 책임진다. 체험 학습 사전 답사에 반드시 참여해서 안전사고를 예방하기 위해 안전 시설을 집중해서 살핀다. 시설 안전 전문가는 소방청이나 행정안전부에 있을 텐데도 교사에게 프로그램보다 안전을 주로 살피라고 한다.

이들이 미룬 책임을 학부모에게 떠넘기는 건 교육부장관도, 교육감도, 교육장도, 교장도 아닌 교사가 해야 한다. 바쁜 시간 짬을 내 학부모 총회에 참석하신 학부모에게 교사들은 조심스레 부탁을 해야 한다. 혹여 거절이라도 당하면 일일이 전화를 해서 할당을 해야 한다. 못 하면 능력 없는 교사, 혹은 업무 협조를 안 하는 태만한 교사로 인식한다.

교사와 학부모는 학생의 성장과 발달을 위해 함께 발맞춰 가야 할 사람들이다. 우리 사회의 미래이자 희망이라 불리는 아이들이 있는 학교. 부모와 교사가 학교의 안전을 책임지느라 서로 얼굴을 붉히게 하는 사회가 과연 정상일까? 교육부는 어디서 무엇을 하고 있는가?

문제는 교육이 아니라
안전이다

○

2018년 12월, 강릉 펜션으로 체험 학습을 떠났던 고등학생들이 보일러 배관을 통해 누출된 일산화탄소에 중독되어 사망한 사건이 있었다. 사건이 벌어지자 '개인별 체험 학습 현황 제출 협조' 공문이 내려왔다.

그 이전, 교육부는 아이들의 다양한 체험 활동을 적극 권장해 왔다. 경기도에서는 학급 단위 현장 체험 학습을 권장해서, 간단한 계획서만으로 학급 아이들을 데리고 버스비를 지원받아 체험 학습을 다녀올 수 있었던 때도 있었다.

그런데 가만 생각해 보면 체험 학습과 관련해 벌어진 사고 중에서 교사나 학생의 실수로 아이들이 목숨을 잃은 경우는 기억나지 않는다. 대부분 시설 안전, 차량 안전, 시설 관리 소홀 문제였다. 그런데도 교육부는 그 책임을 교사에게 묻는다.

세월호 사고가 교사 때문에 났는가? 그런데도 배의 시설 안전 관리 감독을 소홀히 한 사람들은 놔두고 체험 학습을 가는 교사들에게 백 페이지도 넘는 매뉴얼을 만들고, 수십 개의 공문을 쓰게 만들었다. 그렇게 하지 않으면 체험 학습을 아예 갈 수 없게 만들었다.

청소년 수련 시설로 인증을 받은 곳으로 가더라도 정수기의 수질 안전 검사서 따위까지 교사가 확인을 하라고 되어 있다. 교사들이 체험 학습 프로그램보다 체험 학습 장소의 수질 안전, 식품 안전, 소방 안전, 시설 안전을 살피는 일을 더 신경 써야 한다니.

수질 안전, 식품 안전 등을 관리 감독하는 공공기관의 책임을 강화하는 것이 맞지 않는가? 교사는 안전 전문가가 아니다. 3년마다 안전 교육 15시간을 이수한다고 해서 안전 전문가가 될 수는 없다.

소방 안전은 소방청이, 식품 안전은 식약청이 책임져야 한다. 시설 안전, 교통 안전은 국토교통부가 책임져야 한다. 그들이 책임을 다하고 있다고 믿을 수 있어야 우리 아이들이 언제 어디를 가건 안심할 수 있다. 그것이 국가가 할 일이다. 그것이 행정안전부가 해야 할 일이다.

왜 교사에게, 학교에게 책임을 묻나? '개인별 체험 학습 현황 조사 협조' 같은 공문을 내려 보낼 게 아니라, 우리 아이들이 마음껏 체험 학습을 다닐 수 있는 환경을 마련하라. 국토교통부와 소방청, 식약청과 함께 안전한 환경을 마련하는 것이 교육부가 할 일이다.

학교가
필요한 이유

○

"왜 학교에 가야 해요?"

아이를 키우면서 한 번쯤 듣는 질문이다. 먼저, 헌법을 보자. 헌법 31조에 "모든 국민은 능력에 따라 균등하게 교육을 받을 권리를 가진다."는 규정이 있다. 31조 2항에는 "모든 국민은 그 보호하는 자녀에게 적어도 초등교육과 법률이 정하는 교육을 받게 할 의무를 진다."고 규정하고 있다.

헌법뿐만이 아니다. 1950년 〈국제연합〉 사회 위원회에서 「아동 권리 선언」이 작성되고, 1959년 11월 20일 〈국제연합〉 제14차 총회에서 채택된 후 30년 뒤, 1989년 11월 20일 〈유엔〉은 「아동 권리에 관한 국제연합 협약」을 채택하였다.

바로 이 「아동 권리에 관한 국제연합 협약」의 일곱 번째 원칙이 바로 의무 교육과 관련이 있다. 우리나라는 1949년 교육법이 공포되면서 시작되었다.

"아동에게는 최소한 기초 단계의 의무 교육을 자유롭게 받을 권리가 있다. 아동은 일반 교양을 강화하고 기회 균등의 원칙에 입각하여 자신의 능력과 독자적 판단력과 사회 윤리적 책임 의식을 함양하고 쓸모 있는 사회 구성원으로 성장할 수 있는 교육을 받아야 한다. 아동의 이익을 최대한 보장하려면 교육과 학습 지도를 책임질 수 있는 지침이 마련되어야 한다. 그 책임은 누구보다도 아동의 부모에게 있다. 아동에게는 놀이와 오락을 즐길 수 있는 충분한 기회가 제공되어야 한다. 놀이와 오락은 교육과 똑같은 목적에서 관리되어야 한다. 사회와 공공기관은 이 권리가 한층 더 잘 보장될 수 있도록 최선의 노력을 기울여야 한다."

우리나라는 왜 헌법에 의무교육을 명시하였으며, 〈유엔〉은 왜 아동 권리 협약의 원칙으로 의무교육을 말했을까? 교육받지 못하는 아이들이 많았기 때문이다. 지금도 세계에는 학교에 가지 못하는 아이들이 많다.

내 인생의 스승께서는 이 세상에 단 한 명의 아이들도 빠짐

없이 배움의 기회가 주어지는 세상을 만들기 위해서 배우고 실천해야 한다고 말씀하셨다. 나 역시 깊이 동의한다. 배우지 못하는 사람들이 배울 수 있는 사회를 만들기 위해, 내가 가르친 아이들이 나보다 더욱 훌륭하게 성장해야 한다.

부모의 사회 경제적 지위에 의한 차별 없이 또래 친구를 만날 수 있는 곳. '남자는 하늘, 여자는 땅'이라는 구습에 얽매이지 않고 배울 수 있는 곳. 종교에 따라 분리되지 않고 한 인간으로서 자신의 생각과 감정을 나눌 수 있는 곳. 신체적·정신적·정서적 능력의 차이를 이해하고 인간의 다양성을 마주할 수 있는 곳. 실수나 실패에도 자신을 부정하지 않고 오히려 성장의 기회로 여길 수 있도록 격려 받는 곳. 그곳이 바로 학교다.

학교는 인간 개개인이 가진 무한한 잠재력을 사람을 위해, 생명을 위해 발휘할 수 있도록 단 한 명의 아이도 빠짐없이 기회를 주기 위해 존재하는 곳이자, 배우지 못한 아이들에게 배움의 기회를 만들어 주는 사회를 만들기 위해 노력하는 사람으로 길러 내는 곳이다. 그것이 학교의 존재 이유다.

배우고 실천하는
교사들

○

프랑스의 바칼로레아니, IB(국제 바칼로레아)니, 하브루타니
하는 외국의 교육 프로그램에 대한 관심이 높다.

이름은 다르지만, 저런 외국 교육 프로그램을 도입하자는
이들의 공통점이 뭔지 아시는가? 한결같이 한국 교육을 비
난한다는 것이다.

프랑스 교육이니, 이스라엘 교육이니, 하면 뭐 하나? 자신
들이 저지른 전쟁 범죄에 대한 사과를 하자는 총리를 비난
하는 프랑스 따위가 우리보다 나은 것이 무엇인가? 팔레스
타인 민간인을 학살하는 이스라엘 따위가 우리보다 나은
것이 무엇인가?

우리나라 교육이 저들보다 못한 증거가 무엇인가?

우리나라 교육을 위해 교육부가 하는 일이라고는 고작 현장 교사들의 입을 막고(정치 기본권 제한), 교사들을 불신하는 사건(대부분 사립학교)에만 주목하며, 교사들이 반대한 정책을 시행해 놓고는 정작 실패해도 누구 하나 책임지지 않는 것이었다.

그럼에도 촛불 시위에 앞장선 십 대, 이십 대, 삼십 대 청년들이 많았다. 피 한 방울 흘리지 않은 평화 시위를 통해 정권을 교체했다.

프랑스와 이스라엘이라면 가능했을까? 그들이 가르치는 교육적 수단이 아무리 훌륭하다 한들 "무엇을 위해"라는 목적을 상실한 교육은 인간에게 해가 된다. 그들의 현재가 이를 증명한다.

우리 사회가 우리 교육을 살리는 일은 우리 교육 현장을 살피는 일일 것이다. 누가 알아 주지 않아도 아이들의 성장과 행복을 위해 애쓰고 있는 교사들이 많다. 그들의 기록이 쌓여 가고 있다.

선배 교사들은 기록을 나누고, 책을 내고, 연수를 만든다. 후배 교사들은 선배 교사들이 부딪쳐 온 기록을 통해 실수를 줄이고, 더 나은 교사가 되기 위해 선배 교사들과 함께 배우고 실천한다.

이토록 젊은 교사들이, 이렇게 많은 교사들이 "무엇을 위해 가르쳐야 하는지", "어떻게 가르쳐야 하는지" 주말도 반납하고, 밤낮을 잊은 채 연찬과 연수를 거듭하고 있다.

배우고 실천하는 교사들. 이런 교사들이 많음을 알려야 한다. 교단에 서서 아이를 가르치는 일이 얼마나 많은 배움과 오랜 노력이 필요한 일인지 알려야 한다.

그래야 더 재능 있고, 훌륭한 인재가 모여든다. 그래야 우리 아이들이 더 훌륭한 사람으로 성장할 수 있다. 사람은 사람에 의해서 성장하니까. 사람이 가장 중요한 환경이니까.

무기력한 아이를
돕는 방법

○

누가 가장 가르치기 어려운가 묻는다면 두 가지 유형으로 답을 한다. 개념이 없는 아이와 무기력한 아이. 둘 중 더 힘든 아이를 고르라면 무기력한 아이다. 물론 어른은 다르다. 어른은 개념 없는 사람이 훨씬 대하기 어렵다. 가르쳐 줄 선생이 옆에 없기 때문이다.

무기력한 아이들은 내적 동기가 없다. 무엇이든 남이 해 주기를 바란다. 자기가 마실 우유도 친구에게 가져다 달라고 하고, 다 마신 우유갑도 친구에게 가져가라 부탁한다. 책을 가져오기 귀찮아 사물함에 전부 넣어 두고, 친구에게 부탁해서 가져다 달라고 부탁하기도 한다. 자신이 무엇을 원하는지 모르는 아이 같다.

과제를 안 하는 아이가 있다. 두 번, 세 번, 네 번… 기다려 보지만 쉽게 변하지 않는다. 아이는 자신이 과제를 하지 않았단 사실은 알지만, 자신이 '과제를 안 하는 사람'이라는 것은 모른다. 부모나 친구들은 아이가 그렇다는 것을 읽게 되고, 앞으로도 그럴 거라 짐작한다.

아이는 다른 사람들이 자신을 보는 눈으로 자기를 보게 된다. 타인의 잘못된 기대와 아이의 부정적 자존감이 만나 스스로를 '나는 노력하지 않는 사람'이라 여기게 된다.

시간이 흐를수록, 잘못된 기대를 하는 이들이 많아질수록 아이는 스스로에게 아무런 기대도 하지 않는다. 바로 그럴 때 교사로서 내가 할 일은 이 벽을 드러내는 일이다.

눈에 보이지 않는 벽. 그 벽을 넘어서기 위해서는 벽이 얼마나 높은지, 벽이 얼마나 두꺼운지 드러내야 한다. 그리고 그 벽을 넘어설 수 있다고 이야기한다.

"안 할 거야" 하는 생각이 얼마나 틀렸는지 보여 주자고 말한다. 할 때까지 기다리고, 했을 때를 기다려 격려해 준다. 그렇게 조금씩 무기력을 넘어설 수 있게 된다.

반대로, 개념이 없는 아이들은 내적 동기가 있다. 무엇이든 저 스스로 해야 한다. 우유도 내가 가져와야 하고, 책도 내가 가져와야 하고, 하고 싶은 일은 지금 바로 해야 한다. 하지만 정말 자신을 위해 해야 하는 일이 무엇인지는 잘 모른다.

개념이 없는 아이나, 무기력한 아이 모두에게 필요한 질문은 하나였다.

'자신의 성장을 위해 도움이 되는 일은 무엇일까?'

문제를 풀어도 좋고, 책을 읽어도 좋고, 운동을 해도 좋고, 일찍 등교를 해도 좋고, 일기를 써도 좋다. 무엇이든 자신의 성장을 위해 딱 한 가지만 하자고 약속한다. 대신 목표가 너무 과해서는 안 된다.

책을 읽어도 날마다 한 권씩 읽겠다는 게 아니라 열 쪽 읽기, 혹은 십 분 읽기 같은 실천 가능한 목표를 세운다. 운동을 해도 날마다 한 시간씩 하겠다는 게 아니라 십 분만 운동하는 것으로 목표를 낮춰 잡는다. 자신의 목표를 사물함에 붙이고, 매일 실천한 후 스티커를 하나씩 붙이게 한다.

하루에 십 분 읽던 아이가 이십 분을 읽게 되었다고 해도, 목표는 늘 십 분으로 잡는다. 그래야 성취감을 더 오래 느낄 수 있다.

이때 교사의 관심과 격려가 참 중요하다. 다른 아이들과 비교하는 것이 아니라, 스스로 세운 목표를 실천해 나가는 아이 자체에 집중해 주자.

단 한 번이어도 좋다. 두 번이면 더 좋다. 어제보다 오늘 한쪽이라도 읽었다면 그것이 도전이고, 변화다. 그 마음을 아이들에게 잘 전하는 것이 교사인 나에게는 도전이고 변화의 시작이다.

단 한 명의 아이도
포기하지 않으려면

○

어린 시절. 어머니께서는 나의 담임이 부장 교사가 아니길 바라셨다. 업무 때문에 아이들을 등한시하게 된다는 것을 알고 계셨으니까.

교사가 일부러 학생을 등한시하는 걸까? 아니다. 교사 개인이 어쩔 수 없는 업무. 국가직 공무원으로서 법령에도 없는 업무의 책임을 져야 하기 때문이다.

교사의 역할은 학생 '교육'이지, '교무'가 아니다. '교무'를 통할할 사람은 있어도 담당할 사람이 없는 모순을 해결하지 못한 채 보낸 수많은 세월 동안 학교 행정직은 교사들에게 행정을 가르치는 역할을 하는 경우가 빈번해졌다.

학교 행정직이 존재하는 이유는 교사의 교육 활동을 지원하기 위해서다. 공문을 잘 처리하는 교사가 유능한 교사인가? 학생을 잘 지도하는 교사가 유능한 교사인가? 말하나 마나다.

교원 업무 경감한다고 만든 NEIS가 업무를 줄인 것이 아니다. 어디에 계신지도 모르는 교장 교감 선생님을 찾아 결재받으러 돌아다니는 수고만 줄었을 뿐이다.

업무가 줄지 않는 건 옛날 그대로 일하는 교육부와 교육청 때문이다. 그들이 하는 일은 하급 기관에 지시와 명령을 하달하는 것이지, 학교의 교육 활동을 지원하는 구조로 변한 적이 없었으니까.

단 한 명의 아이도 포기하지 않겠습니다.

이 구호가 구호에 그치는 이유는 딱 하나다. 교사가 교육 활동에 전념할 수 있는 환경을 구축하려는 그 어떤 노력도 시도하지 않기 때문이다.

오히려 언론과 정부가 나서서 교사를 불신하는 말과 행동을 서슴없이 하고 있다. 학생의 인지·정서·신체 발달에 역행하는 대입 선발의 공정성에 매몰되어 교육의 목적에 대한 논의는 사라지게 만든 지 오래다.

이 현실을 바꾸기 위해 학부모와 교사가 가장 애써야 할 일은 오직 하나다. 교사가 교육 활동에 전념할 수 있는 생태계를 구축하는 것이다.
그것이 학교폭력을 근본적으로 예방하고, 단 한 명의 아이도 포기하지 않는 교육을 실현하는 길이다.

학교폭력을
예방하려면

○

학교폭력은 예방과 개입, 두 가지 방향으로 접근해야 한다. 그러나 교육부는 한 방향으로만 작동한다. 바로 개입.

학교폭력 실태 조사, 학교폭력 전담 경찰, 학교폭력 예방 승진(사실 전직이다.) 가산점 제도는 모든 학교를 대상으로 실시하는 학교폭력 예방(?) 정책이다.

학교폭력 예방 '전직' 가산점은 예방 활동을 많이 한 교사에게 부여되지 않는다. 학교폭력 예방을 잘한 학급, 혹은 학교는 학교폭력 사안이 발생하지 않는다. 사안이 발생하지 않은 학교는 학교폭력 업무가 적다. 따라서 전체 교직원의 40퍼센트에게 부여되는 전직 가산점을 부여할 대상이 현격히 줄어든다.

학교폭력 전직 가산점은 학교폭력 업무의 과중한 부담에 대한 보상이기 때문이다. 즉, 사안이 발생한 후 처리에 들이는 노고를 전직 가산점으로 부여하는 셈이다.

왜 전직인가? 교감, 혹은 교장이라는 자리는 교실이라는 최일선을 지원하는 자리다. 아이들 대신 업무를, 행정을, 학부모를 대하는 자리다. 즉, 아이들을 대하는 자리에서 벗어나는 것이다.

무엇이 더 중요한 역할인가? 아이들을 대하는 자리인가? 행정을 전담하는 일인가? 아이들을 대하는 자리에서 행정을 전담하는 자리로 옮겨 가는 것이 정말 승진인가? 그것이 교사들의 노고에 보답하는 유일한 방법인가? 따라서 승진 가산점이 아니라 전직 가산점이 더 적절한 표현일 것이다. 잠깐 옆길로 샜다.

다시 본론으로 돌아가자. 위에서 보듯이 학교폭력 예방 전직 가산점은 '예방' 활동을 바탕으로 부여하지 않는다. 철저히 '개입' 중심이다.

학교폭력 예방 교육은 어떨까? 학교폭력의 정의와 유형을 가르치고, 처벌을 강조하는 학교폭력 예방 교육. 강력한 처벌에 대한 공포가 인간의 행동을 수정할 거라는 착각.

왜 사람들은 학교폭력 교육을 예방이라고 착각할까? 위협이 가해자의 가해 행동을 위축시킬 거라는, 지극히 성인 중심 사고방식 때문이다.

처벌과 보상. 구태의연한 행동주의 원칙 하나만을 바탕으로 인간의 행동을 예측하기 때문이다. 하긴 아직도 교원 성과급 제도를 유지하는 교육부의 인간에 대한 이해를 보면 이해가 간다. 사람은 자신이 살아온 방식으로 타인을 평가한다. 그래서 교원 성과급 제도를 고수하는 저들의 비교육적 인식에 절망한다.

인간은 단 하나의 변수로 행동이 예측 가능한 존재가 아니다. 따라서 사람의 말과 행동을 이해하기 전에 상황과 맥락을 살펴보아야 한다. 즉, 관심을 가진 관찰이 필요하다. 나태주 시인의 「풀꽃1」이라는 시에 많은 이들이 공감하는 이유가 아닐까 싶다.

자세히 보아야

예쁘다
오래 보아야
사랑스럽다
너도 그렇다.

— 나태주, 「꽃을 보듯 너를 본다」

아이들을 자세히 보아야 한다. 오래 보아야 한다. 그래야 아
이들이 어느 발달에 있는지, 어떤 발달 양상을 보이는지 알
수 있다.

주변에 어떤 사람이 있느냐로 인간의 말과 행동은 결정되
기 쉽다. 아이들의 발달과 성장이 성숙의 방향을 향하도록
하느냐, 미성숙의 방향을 향하도록 하느냐는 바로 성숙한
타인에 의해 결정된다. 따라서 교사와 학생의 상호작용을
보호하는 환경을 구축하는 것이 필수적이다.

과중한 업무를 떠넘겨 학생과 멀어지게 해 놓고 전직 가산
점을 부여하는 교육부의 성색에 화가 나는 이유가 바로 이
점이다. 예방이 불가능한 환경으로 교사를 몰아넣은 채 학
교폭력 사안이 발생하면 이를 처리하는 이들에게 전직 가
산점을 주는 구조. 이 구조에서 빠져나온 승리자가 되는 것

이 승진이라면 승진 가산점이 맞을지도 모르겠다.

생각 없이 던지는 말과 행동이 사람들이 생각하는 인간다움을 포함하기란 매우 어렵다. 나이가 들수록 인간다움이 사라진 말과 행동으로 타인에게 상처 주기 쉽다. 따라서 훈련이 필요하다. 이 훈련을 받는 공간이 학교다.

종교, 성별, 지능, 사회경제적 지위와 상관없이 또래와 만날 수 있는 공간. 이 복잡한 생태계 속에서 벌어지는 갈등은 아이들에게 성장의 기회가 되기도 하고, 퇴행의 빌미가 되기도 한다. 따라서 스스로 해결할 수 있도록 함께 도와주는 생태계를 만드느냐 못 만드느냐. 이 점이 교사의 역할이며, 학교가 중요한 이유다.

모든 것에는 때가 있다. 신체·인지·정서 발달. 특히 정서 발달의 과업을 놓치면 회복이 어렵다. 그래서 애착이 중요하다고들 하지 않는가. 하지만 신체·인지 발달에 비해 정서 발달은 잘 드러나지 않는다.

그래서 애들끼리 싸울 수도 있지 않느냐며 개입을 나무라는 어른도 있고, 자식의 잘못을 뉘우치도록 지도하는 교사를 아동 학대자로 모는 어른도 있으며, 그까짓 애들 가르치는 일이 무엇이 어렵냐고 폄하하는 사람들도 있다. 물론 아닌 사람들이 훨씬 많다. 다만 그들은 그들의 삶을 사느라 침묵할 뿐이다. 내가 그랬고, 당신이 그랬으니까.

신뢰만이 아이 스스로 해결할 수 있도록 다함께 도울 수 있다. 인간에 대한 신뢰. 교사의 학생에 대한 신뢰. 학생의 학생에 대한 신뢰. 학부모의 교사와 학생에 대한 신뢰.

도대체 신뢰란 무엇인가? 지금보다 나아진 모습으로 변화할 것이라는 믿음이다. 미성숙한 현재가 미래까지 지속될 것이란 굳건한 편견을 넘어서는 믿음. 그 믿음을 학생과 학부모에게 심어 주기 위해 교사의 인간발달에 대한 이해가 필요하다고 나는 생각한다.

왜 학교가 존재하는가? 왜 학문이 존재하는가? 왜 공교육이 존재하는가? 그것은 오로지 인간은 변화할 것이라는 믿음. 그 믿음을 현실로 만들기 위한 사람들의 노력을 바탕으로 학문이라는 체계가 만들어져 왔다.

따라서 학교폭력 예방을 위한 모든 수단은 철저히 인간의 신뢰를 구축하는 방향이어야 한다.

신뢰부터
회복해야

○

타인과 불편한 관계를 만들기 싫다. 친구에게 충고하기 어렵다. 상사에게 직언하기 어렵다. 아이나 어른이나 불편한 감정을 만들기 싫은 것은 당연하다.

교사 역시 마찬가지다. 학생과 불편한 관계를 만들고 싶지 않다. 그러나 피할 수 없다. 수업과 생활지도는 교사 본연의 일이니까.

따라서 학생의 말과 행동에 대해 즉각적인 피드백을 주게 된다. 이 피드백은 학생의 부적 정서를 일으킬 가능성이 높다.

어른인 당신이 하는 말과 행동에 사사건건 개입해서 지적하고 조언하는 누군가가 있다면 우리는 항상 즐거운 마음으로 이를 수용하고 행동을 수정할까?

더군다나 얼굴 몇 번 마주친 사이에, 내 이름도 모르고 나에 대해 아무것도 모르는 사람이 함부로 지적질을 해댄다면. 아마 속으로 세상 듣도 보도 못한 욕을 해대지 않을까?

그래서 라포가 중요하다. 물론 어렵다. 상대의 말과 행동에 귀를 기울이고, 그의 마음을 들여다보기 위해 애쓰고, 또 애쓰지 않는 이상 상대의 마음을 얻는 일은 불가능하다.

교사에게 과연 학생 한 명 한 명의 말과 행동에 귀를 기울이고, 마음을 들여다볼 여유가 있을까? 몰아치는 월별 행사와 가늠할 수 없이 던져지는 1만여 건의 공문에 가로막혀 아이들에게 던져 줄 시선 하나 하나가 공문의 오탈자, 집행해야 할 예산에 씌어진 숫자로 향한 지 오래다.

따라서 학급의 학생과 충분한 라포를 만들기란 매우 어려운 일이다. 그럼에도 많은 교사들이 짬을 내어 아이들을 관찰하고 대화하며 신뢰를 구축하기 위해 애를 쓴다.

이때 어려운 점이 바로 학생의 잘못을 지적하는 것이다. 기대하고 믿었던 학생의 잘못을 지적하는 일은 고통스럽다. 지적당하는 학생 역시 쉽게 받아들이지 않는다.

교사는 학생이 잘못을 뉘우치고, 더 성숙한 행동을 하기를 기대한다. 하지만 아이들은 지적에 불쾌해 할 뿐 성숙한 행동이란 교사가 자신을 통제하기 위해 던져 놓은 미사여구에 불과하다고 여긴다.

왜 성숙한 행동이 자신을 위한 것이라고 인식하지 못할까? 이는 어른들의 보여 준 말과 행동의 불일치 때문이다.

모든 친구와 사이좋게 지내라고 한다. 그런데 가족끼리도 다툰다. 직장 상사와 싸운다. 동네 이웃과 사이가 나쁘다. 과연 모든 친구와 사이좋게 지내는 일이 가능한가?

모든 친구와 사이좋게 지내라고 한다. 그런데 학교에 입학하자마자 배우는 것은 우정이 아니라 학교폭력이다. 신체폭력, 언어폭력, 성폭력이 무엇인지 배우고, 가해자가 받는 처벌을 가르친다.

친구가 하는 말을 평가하는 기준은 하나. 학교폭력인가 아닌가로 나뉜다. 따라서 나는 늘 피해자로, 나를 제외한 모든 친구는 늘 가해자로 가정해야 한다.

이것이 학교에서 인간을 대하는 첫 번째 인간관이다. 사람을 대하는 태도다.

학교폭력의 발생 연령이 내려가고 있다. 학교폭력의 양상이 더욱 은밀해지고, 가혹해지고 있다. 무엇이 아이들의 인간성을 뿌리째 흔들고 있을까?

사람이 사람을 신뢰하는 데는 많은 시간과 노력이 필요하다. 타인의 실수나 단점은 가르치지 않아도 안다. 하지만 친구가 잘한 점이나 장점은 주의를 기울이지 않으면 알아채기 어렵다.

다시 말해 교육이 필요한 지점은 알고도 넘어가기 쉬운 인간의 장점, 고마움을 알아채도록 이끄는 일이다.

그것이 서로에 대한 신뢰를 구축하는 일이고, 우정을 기르치는 일이며, 학교 교육을 통해 신뢰할 수 있는 민주 시민을 양성하는 유일한 방법이다.

학교폭력 예방을 위한 모든 노력을 근본부터 다시 재고해야 한다.

공교육을
정상화하려면

○

개인의 희생을 바탕으로 조직의 성장을 추구해서는 안 된
다. 학생, 학부모, 교사 누구도 개인의 희생을 강요해서는
안 된다. 한 사람을 소중히 한다는 것은 집단 구성원의 권한
과 의무를 분산하는 데서 출발해야 한다.

혁신 학교는 과연 혁신 교육을 촉진하는가, 방해하는가? 각
종 공모 사업을 통해 교육청의 성과를 사람들에게 알리는
것이 혁신 교육인가? 단위 학교 예산을 증대하여 학교 교육
과정의 자율성을 보장하는 것이 혁신 교육인가? 혁신 교육
의 시발점이었던 남한산초등학교의 사례를 생각하면 당연
히 공모 사업을 최대로 축소하고, 단위 학교의 예산을 증대
시키는 것이 우선해야 한다.

초기 경험이 중요하다. 공교육에 대한 불신은 학부모들이 자기 자녀를 학교에 처음 맡기는 1년에 결정된다고 생각한다. 학교에 대한 초기 경험이 이후 12년간의 공교육 이미지를 결정할 가능성이 높다. 따라서 각 교육청은 초등 교육에 더 깊은 관심과 세심한 정책을 마련해야 한다. 예를 들면 다음과 같다.

교육의 성패는 교사와 학생 상호작용의 양과 질로 결정된다. 따라서 교사들이 아이들과 마주할 수 있는 최대한의 환경을 마련해 주어야 한다. 그런 의미에서 '방과 후 학교'와 '돌봄 교실'은 반드시 지자체로 이관해야 한다. 교사는 수업으로 말해야 하고, 학생 지도로 자신의 전문성을 신장해야 한다. 교사의 전문성은 수업이지, 업무가 아니다.

따라서 학교 내 행정직은 철저히 교육 활동을 지원하는 체제여야 한다. 그러나 현재 학교는 행정의 전문성을 내세워 행정에 취약한 교사들에게 업무를 전가하는 상황이다. 본말이 전도된 셈이다.

공교육 불신은 교사와 학부모의 오해와 갈등에서 비롯된다. 따라서 교육청은 갈등과 오해의 소지를 최소화해야 한다. 예를 들면 녹색 학부모회, 어머니 폴리스, 도서 도우미, 중

등의 경우 시험 감독과 같은 제도를 들 수 있다. 많은 교사들이 학부모 총회에 오신 학부모들에게 녹색 학부모회, 어머니 폴리스, 도서 도우미 등을 부탁해야 한다. 학부모와 교사 양쪽 모두에게 큰 부담이 아닐 수 없다.

문제 행동을 일으키는 아이들의 학부모 교육은 어렵다. 이들에게 학부모 교육을 강제할 법적 근거가 없다. 그렇다고 처벌 근거를 마련하고, 처벌하자는 이야기는 아니다. 나 역시 맞벌이 가정으로서 아이들 학교 행사에 참여해야 할 때가 있다. 크게 나누면 학부모 총회, 학부모 공개 수업, 학부모 상담 세 가지다.

교육청이나 교육부가 나서서 교육 친화 기업 인증을 하는 것은 어떨까? 자녀를 가진 모든 학부모가 1년에 사흘은 유급 휴가를 사용하도록 강제하는 기업에게 인증을 주는 것이다. 자녀 교육과 관련한 세부 조항을 만들고, 기업이 이를 준수하면 교육 친화 기업으로 정부에서 인증을 해 주는 것이다.

국가에서 기업들이 교육 친화 환경을 마련토록 유도하는 정책을 마련한다면 많은 학부모들의 지지를 받을 것이라고 나는 확신한다. 다시 말하지만 학교에서의 초기 경험이 공교육 이미지를 결정한다. 결코 고등학교 3년으로 결정나지 않는다.

개인의 희생을 바탕으로 조직의 성장을 추구해서는 안 된다. 공교육 정상화 역시 교사의 헌신, 학부모의 희생으로만 이뤄질 수 없다. 교육부, 교육청 더 나아가 우리 사회가 교육을 위한 사회로 패러다임을 전환하지 않는 이상 공교육의 정상화는 불가능하다.

교사의 정치 기본권 제한이
가져온 것들

○

●●교육, ◇◇교육에 이어 최근에는 ▲▲교육까지…. 아이들 교육에 꼭 필요하다며 교과를 신설하고, 학교 교육과정에 밀어넣는다. 시수는 정해져 있고, 가르쳐야 할 내용은 점점 늘어난다.

무엇을 가르칠 것인가에 대한 사회적 합의도 없이, 학교 현장 교사들의 의견은 하나도 물어보지 않은 채 정치 기본권을 보장받은 이익 집단의 지속적이고 끈질긴 로비로 단박에 교육과정에 밀고 들어온다.

알파벳은커녕 파닉스도 배우지 못한 채 영어를 배우는 3학년 아이들에 대한 관심은 하나도 없으면서 온갖 교육이라는 이름을 갖다 붙여 아이들을 가르치려 든다.

타인의 말과 글의 내용을 정확히 이해하고, 적절하게 자신의 생각이나 느낌을 말이나 글로 표현하는 능력이 학습의 기본이다. 학교는 학습의 기본을 가르치는 곳이다. 수나 도형을 통해 세상의 숨겨진 패턴을 수학을 통해 접하고, 역사나 지리, 경제와 같은 사회를 통해 안목을 넓히며, 생물이나 물리, 지구과학 같은 과학을 통해 지구를 미시적으로, 거시적으로 바라보는 눈을 키운다.

주지 교과가 세상의 여타 분야를 학습하기 위한 기본 토대가 되는 셈이다. 정해진 수업 일수, 정해진 수업 시수 안에 주지 교과를 깊이 있게 배우고, 익힐 시간조차 빠듯하다.

그럼에도 새로운 교과를 신설하려는 시도는 지속되고 있다. 정치 기본권이 없는 교사들의 강제적인 침묵 속에서 정치 기본권을 가진 집단의 지속적이고 끈질긴 로비는 새로운 분야의 '교사' 자리를 만들고, '교과'를 신설한다. 이를 반대할 교사들의 입, 손과 발은 '정치 기본권 제한'으로 꽁꽁 묶여 있음을 분명히 알고 하는 일이다.

세상에 중요하지 않은 것은 없다. 가르쳐야 할 것도 많다.

하지만 학교 교육에서 모든 것을 가르칠 수는 없다. 학교에서 가르쳐야 할 것, 가장 기초적이고 기본이 되는 것을 천천히 깊이 있게 배우기에도 시간은 부족하다. 정해진 시간에 해야 할 주어진 과제가 너무 많다면 과연 수업이 얼마나 깊이 있게 다루어질까?

교사들의 정치 기본권 제한이 주는 문제는 이 밖에도 많다. 어서 교사들의 정치 기본권 제한에 관한 헌법 소원(2018년 2월 28일 교사 1068명이 정치 기본권 찾기 헌법 소원을 제기했다.) 결과가 나왔으면 좋겠다.

덧. 교수와 달리 교사는 교사직을 버리지 않고서 지방자치단체장 선거는 물론 지방 의회 선거, 심지어 교육지방자치단체장에 해당하는 교육감 선거에도 출마할 수 없다. 심지어 교육 정책에 직접 관련 있는 교육감 선거 후보 공약에 대해서도 의견을 제시할 수 없다. 선거 기간 동안 정치인들의 SNS에 '좋아요'만 눌러도 선거관리위원회의 지적을 받는다.

◈ 개인은 힘이 없다

개인은 무력하다. 개인은 법과 제도를 바꿀 수 없기 때문이
다. 국민 청원이 봇물을 이룬 이유다. 국민 청원을 통해 개
인의 목소리가 대중에게 드러났다. 그렇다면 국민 청원 이
외의 개인의 목소리는 어떻게 내야 할까?

첫째, 페이스북과 같은 온라인 매체에 자신의 의견을 끊임
없이 올린다. 그러나 주의할 점이 있다. 주장만 있고, 근거
가 없는 글에는 사람이 모이지 않는다. 감성에만 호소하고,
이성을 마비시키는 글의 수명은 짧다. 따라서 탄탄한 근거
를 뒷받침하는 글, 마음을 안정시키고 이성적 판단을 할 수

있는 글을 써야 한다. 특히 교육과 관련한 글은 더욱 그렇다.

둘째, 비슷한 사람들과 연대해야 한다. 힘없는 개개인이 서로를 공감하고, 서로에게 동의하면 자연스레 모임이 만들어진다. 힘없는 일개 교사에게 꼭 필요한 것은 바로 교원 단체다. 〈실천교육교사모임〉이 만들어진 이유이기도 하다. 교실에서 열심히 아이들을 가르친다고 세상이 알아주지 않는다. 세상이 알아주기를 바라고 교단에 선 것은 아니지만, 40만 교사들을 하는 일 없이 놀고먹는 집단으로 폄훼하는 사회적 시선은 교사의 자존감을 땅바닥에 내던진다.

셋째, 학부모와 연대해야 한다. 부모는 자녀의 행복을, 교사는 학생의 성장을 위해 노력하는 사람이다. 가정에서 생존과 안전, 소속과 사랑, 그리고 자존감의 욕구를 충족하고, 학교에서 인지와 심미안, 자기초월적 목표를 통해 자기실현을 도모한다. 이는 교사와 부모의 상호 신뢰를 바탕으로 협력하지 않으면 불가능하다. 아이를 위해 교사와 부모 모두 필요한 존재이기 때문이다. 따라서 교사가 먼저 손을 내밀어야 한다.

어떻게 손을 내밀어야 할까? 초등의 경우 학급 운영 방식을 자세히 소개한다. 되도록 이론적 바탕 위에 어느 영역의 학생 성장을 목표로 하는지 알려 드리면 좋다. 인간이 지금껏 살아남은 이유 중 하나는 불 때문이다. 어둠이 주는 불안과 공포가 사라졌기 때문이다. 학부모에게 미지의 세계인 학교생활에 대해 자세히 안내함으로써 학교에 대한 불신과 불안을 잠재울 수 있다.

◈ 비난과 한탄은 성장을 가로막는다

비난보다 칭찬, 한탄보다 공부를 해야 한다. "그거 안 돼." "나도 해 봤어." 선배 교사들에게 자주 들었던 말이다. 실패의 원인을 타인이나 환경에 돌린다. 그런데 어떤 사람은 성공한다. 이유가 무엇일까? 실패의 원인을 파악하고 고치려고 애썼기 때문이다. 남을 비난하고, 주어진 환경에 한탄만 해서는 우리가 사는 세상을 절대로 바꿀 수 없다. 남도, 환경도 결국 사람에 의해 결정된다.

그렇다면 사람의 마음을 사로잡아야 한다. 더 많은 사람들과 연대하고, 목소리를 모으고, 우리의 주장을 뒷받침할 근거를 찾아야 한다. 내가 안 되면 또 다른 사람이, 올해 안 되면 내년에 하면 된다. 중요한 것은 희망을 놓지 않고, 희망을 가진 사람들이 모여서, 희망을 실현하기 위해 끊임없이 노력하는 일이다.

◈ 권리와 책임의 균형

절차는 간소화하되 책임은 강화해야 한다. 학교 행정의 전
문성은 절차의 복잡성이 아니라 절차의 효율성에 있다. 복
잡한 절차에는 실수가 따르기 마련이다. 실수는 곧 시간을
지연시킨다. 특히 학교에서 이뤄지는 교육 활동은 시의 적
절해야 하며, 이는 예산의 집행 과정이 얼마나 신속하냐에
달려 있다. 과정을 투명하게 하되, 신속한 행정이 가능하도
록 하는 것이 행정의 전문성일 것이다. 사적인 유용에 대한
처벌을 크게 강화하되, 절차를 간소화하여 권리와 책임의
균형을 이루어야 한다.

교육감 출신이 교육부 장관이 되고 국회의원 출신이 교육
부 장관이 되었다. 그렇다. 그들 모두 선출직이다. 그들 모
두 교사들을 패싱하고 있다. 왜 그럴까? 교사들에게는 정치
기본권이 없기 때문이다. 정치적 의사표현 뿐만이 아니다.
정당 가입도 불법이다.(물론 교사들에 한해서인 것 같다. 어떤
분들은 정당에 자유롭게 후원도 하는 것 같더라.)

교사에게 주어진 책임은 날이 갈수록 커지고 있다. 돌봄, 방
과 후, 학교폭력, 안전 등에 더하여 행정을 모르는 교사들은
행정을 모르는 비전문성 때문에 자신들이 하지 않아도 될

일을 하게 된다. 왜 그럴까? 정치적 의사표현을 제한하기 때문이다.

다수에게 영향력을 행사할 수 있는 교사들의 입은 막아 놓은 채, 돈 많고 사회적으로 인지도가 높은 사교육 업자들의 입은 무한대로 열어 놓았다. 그래서일까? 국가 교육 회의 구성원 중 교사는 한 명도 없는 대신 교사 출신 사교육 업자가 자리를 차지하고 있다.

교사에게 가정방문해서 선거 운동하라고 시킨 사람들은 놔두고, 교사들의 정치적 의사표현만 제한하는 나라. 끊임없이 '그까짓 애들 가르치는 일'이나 하는 사람들이 행정 업무가 힘들면 그만두라는 사회. 가정폭력으로 전학 온 아이를 숨기자 부모가 칼 들고 교사를 찌르려는 사회.

그래도 교육의 일선에서 아이들과 함께 웃고 울며 아이의 작은 성장에 기뻐하는 수많은 교사들이 있다는 사실을 너무나 잘 알고 있기에 교육을 포기할 수 없다.

〈실천교육교사모임〉이 꿈꾸는
교육의 희망

○

전문가 풍년인 시대다. 특히 교육 분야는 전국 곳곳에, 각종 직업과 세대를 망라하고 '교육'이라는 글자를 붙여 '전문가' 라 자칭하는 사람, 불리는 사람이 많다.

소위 인플레 현상이다. 워낙 전문가가 많다 보니 누가 진짜 전문가인지 모른다. 그래서 사람들은 손쉬운 선택을 한다. 선택의 기준은 하나. 유명세다.

사녀를 명문대에 보낸 부모도 교육 신문가이고, 인디넷 강의로 이름을 널리 알린 사교육 강사도 교육 전문가다. 그러니 〈교육문화위원회〉 소속 국회의원으로 몇 년 경력을 쌓았으면 교육 전문가라고 인정받는다.

그에 비해 현장 교사들은 전문가로 인정받지 못한다. 최일 선에서 매일 아이들을 마주하며, 더 나은 교육을 위해 연구하고, 연찬하며 십 년, 이십 년 경력을 쌓아도 국가 교육 회의에 교사의 자리는 없다.

새로운 학문을 배우기 위해 끊임없이 공부하고, 이를 실천하고, 기록하며 하루하루를 살아가는 전국의 수많은 교사들에게는 눈길 한번 주지 않고, 그저 인터넷 강의로 사람들의 주목을 끈 사교육 강사들이 한 말에는 열광한다.

현장에서 매일 아이들과 씨름하며 다독이고, 한 자라도 더 가르치려고 애쓰는 교사들의 노고 따위 하찮게 여기면서 온라인에서 자발적으로 공부하는 애들에게 지식을 전달하는 이들을 칭송하는 사회는 정상인가?

교직 경력이 이십 년이 다 되어 가는 교사들에게 교육 전문가라는 이름을 붙이면 다들 손사래를 친다. 그만큼 사람을 가르치는 일은 어렵고, 배워야 할 것이 많다. 매일 매순간 아이들을 마주할 때마다 모르는 것이 생기고, 배워야 할 것이 생기기 때문이다.

그래서 생각한다. 진짜 교육 전문가란 매일 아이들을 마주하며 이들의 성장을 위해 고민하고 배우고 실천하는 분들이라고. 그저 높은 자리에 앉아 교육과 관련한 일을 하거나 온라인 강의로 큰돈을 벌고 유명해진 이들이 아니라고.

온통 절망적인 소식들뿐이다. 언론은 지속적으로 교사를 불신하게 만드는 사례만 찾아 기사를 써서 매도하고, 일부 학부모들은 끊임없는 민원과 아동 학대 신고로 교사들의 정체성을 무너뜨린다.

그럼, 정말 우리나라 교육에 희망은 없는 것일까? 아니다. 우리나라 교육은 그 어떤 나라보다 희망적이다. 희망은 학교 현장에 있다.

교실에서 아이들을 마주하는 교사, 교육 개혁의 꿈을 갖고 교육청에 들어간 장학사, 새로운 교감과 교장의 길을 걷고 계신 선생님들, 현장 교사들의 이야기에 귀를 기울이고 이를 정책으로 반영하려고 애쓰시는 교육감, 무엇보다 학교를 신뢰하고 교사들을 응원해 주시는 학부모.

조금만 고개를 돌려보면 참 훌륭하고 빛나는 분들이 많다. 다만 사회가 이들의 노고에 시선을 두지 않아서 볼 수 없을 뿐이다.

교사들은 교실을 안다. 아이들을 이해하고, 아이들의 발달과 성장을 머리로, 가슴으로, 행동으로 이해하고 느끼고 도와준다.

그들이 교육과정을 만드는 경험을 쌓고 있다. 교육과정을 뒷받침할 발달에 대한 이론적 지식도 계속 쌓이고 있다. 이제 더 이상 현장을 모르고, 아이들을 모르는 교수들이 짜 놓은 교육과정에 의존하지 않게 되었다.

논문을 쓰고 학위를 받고, 현장의 실천을 논문으로 만들어 학회에 발표하는 교사가 늘고 있다. 이제는 승진 가산점을 부여하는 연구 대회 보고서보다 현장 연구를 통한 (승진 가산점을 주지 않는-사실 학술지 논문이 연구 대회 보고서보다 훨씬 체계적이고 어려운데도 논문으로 인정하지 않는다. 오직 석사 학위, 박사 학위만 가산점으로 인정한다.) 학술지 논문이 널리 퍼지게 될 것이다. 그런 시대를 만드는 것이 〈실천교육교사모임〉 학술부가 지향하는 바다.

이들의 전문성이 학부모의 공교육에 대한 신뢰를 확보하는 초석이 될 것이다. 더 많은 교사가 자신의 실천을 논문과 책으로 내는 세상이 되고, 이 연구와 실천의 기록이 국가 교육 정책의 근거로 활용되는 시대를 만들 것이다.

교사와 학부모가 한 편이 되어 한 사람의 일생에 걸친 행복의 토대가 되는 교육을 위한 사회를 만들기 위해 노력하게 될 것이다.

〈실천교육교사모임〉이 꿈꾸는 우리 교육의 희망은 이런 것이다.

교사로서의
꿈

올해 2월, 한 달에 한 번 금요일마다 모였던 공부 모임을 끝 냈습니다. 교재도 없이 제 임의로 내용을 구성하고 이야기 를 해야 하는 것이라 사실 부담이 가장 큰 자리였습니다.

서울과 경기, 저 멀리 청주에서 올라오시는 분도 계셨습니 다. 금요일 퇴근 후 얼마나 바쁘게 오고 가셨을까를 생각하 면 고맙고 죄송한 마음이 함께 들더군요.

"개입Intervention이 아니라 예방Prevention이다."
제 지도교수님이 수업 중에 하신 이 말이 참 기억에 남았습 니다. 교육은 심리사회적 건강의 예방을 위해 존재해야 한다는 제 생각과 같았기 때문입니다.

상담을 공부하면서 치료자로서 아이들 문제에 개입하게 되는 제가 불편했습니다. 맞지 않는 옷을 입고 있는 것 같았거든요. 교사인데 상담자가 되려니 이중 관계를 맺게 되었기 때문입니다.

긍정심리를 공부하면서 이 문제에서 벗어났습니다. 사실 리질리언스Resilience 개념은 교육의 목적과 일치한다고 생각했는데 긍정심리학자들도 저와 같은 생각을 한다는 것을 확인하게 되어서 너무 기뻤거든요.

개인과 기관, 학생과 교사, 수업 내용과 학교 환경. 이 둘에 대한 균형이 중요하다는 생각이 이론으로 지지받을 때는 더할 나위 없이 기뻤습니다. 교사 중심, 학생 중심이라는 말보다 교사와 학생이라는 두 바퀴가 수업이라는 축을 움직이는 가장 중요한 요인이라는 것을.

교사 개인만의 노력보다 중요한 것은 교사의 교육 활동을 지지하고 지원하는 환경임을. 교사의 수업 내용에'만' 초점을 맞추기보다 교사와 학생이 머무는 학교라는 시설, 학교 안에서 역할을 하는 구성원이 생각하는 교육에 대한 이해와 철학에 더 관심을 기울여야 함을 이야기했습니다.

교실 안에서 학생이 행복을 경험하고, 행복을 만들어 가는 능력을 기르는 데 가장 커다란 영향력을 끼치는 사람은 교사입니다. 따라서 교사가 행복해야 합니다. 교사가 행복한 인생을 살아야 합니다.

아이들에게 행복을 가르치려면 교사가 모델이 되어야 하거든요. 수업과 생활지도. 아이들과 마주하는 모든 순간 아이들은 교사를 관찰하고, 모방하고, 평가합니다.

그래서 많은 선생님들이 책을 읽고, 공부하고, 연찬하고, 공부 모임을 만들어 서로의 성장을 촉진하고 있습니다. 〈실천교육교사모임〉, 〈사람과교육연구소〉, 〈참쌤스쿨〉, 〈스텝매직〉, 〈나무학교〉 같은 단체들에 속한 수천 명의 교사들이 바로 그 증거입니다.

교과 전문성을 바탕으로 학생의 발달과 성장에 대한 깊은 이해가 선행되지 않으면 알파벳도 모르는 3학년 아이들이 수준에 맞지 않은 영어 문장들을 만나게 되고, 한글도 모르고 입학한 1학년 학생들에게 말도 안 되는 평가지를 내밀게 됩니다. 아마 최일선 교사들의 목소리에 귀를 기울이지 않아서, 더불어 교사보다 교수가 전문성이 높다는 사회적 편견 때문에 이와 같은 일들이 반복되는 것은 아닌가 생각했습니다.

선생님들 앞에서 긍정심리와 교육을 주제로 이야기하면서 많이 떨었습니다. 긍정심리에서 이야기하는 많은 기법들은 이미 현장에서 실천하고 계시다는 것을 잘 알고 있었기 때문입니다. 왜냐하면 저 역시 긍정심리를 배우기 전부터 실천하고 있었으니까요.

현장 교사들의 전문성을 이론적으로 뒷받침해 주는 역할을 긍정심리가 해 주고 있다는 측면에서 선생님들이 공감해 주시는 것 같았습니다. 한 선생님이 이렇게 말씀하시더군요.

"내가 교실에서 실천하는 것이 참 좋은데, 이렇게 이론적으로 뒷받침이 되니 확신이 생기고 자신감이 붙게 되었습니다."

저 같은 교사보다 훌륭한 선생님들이 참 많다는 것을 늘 확인하게 됩니다. 그래서 더 많은 학부모님들이 이분들을 만났으면 좋겠습니다. 훌륭한 교사들이 학교에 정말 많다는 것을.

'철밥통'임에도 아이들이 공부를 하지 않는 것에 속상해 하고, 친구와 다투는 것에 마음 아파하며 더 나은 성장을 위해 늦은 밤에도, 황금 같은 주말에도 자비를 들여 공부하고 연찬하는 교사들이 너무나 많다는 것을.

아동청소년 관련 상담 이론을 공부하면서 늘 이야기하는 것이, 학교는 아이들에게 절대적으로 보호 요인이라는 것입니다. 아이들이 교사와 또래에게 지지받고, 신체·인지·정서가 고르게 발달할 수 있도록, 자신이 가진 모든 재능을 발현할 수 있도록 돕는 곳입니다.

학생에 대한 깊은 이해를 바탕으로 하는 교사의 전문성에 대한 학부모의 신뢰. 이것이 우리나라 모든 학교에 퍼져서 허투루 학교생활을 하는 교사가 버티기 어려운 학교 문화를 만들고 싶습니다. 제가 생각하는 학교의 모습입니다.

언젠가 이 꿈이 꼭 이루어질 수 있도록 제 자리에서 열심히 공부하고 아이들과 만나겠습니다.
잘 부탁드립니다.

2019년 6월
천경호

논문

C. Suveg & J. Zeman. (2004) Emotion Regulation in Children With Anxiety Disorders; Journal of Clinical Child and Adolescent Psychology, 4, 750–75

Zaki, J., & Ochsner, K. (2012). The Neuroscience of empathy: Progress, pitfalls and promise, Nature Neuroscience, 15, 675, 680

도서

Steve R. Baumgardner & Marie K. Crothers (2013) 긍정심리학, 시그마프레스

Shane J. Lopez(2011) 인간의 강점 발견하기, 학지사

권재원(2011) 학교라는 괴물, 북멘토

권재원 (2015) 그 많은 똑똑한 아이들은 어디로 갔을까?, 지식프레임

권정자, 김덕례, 김명남 (2019) 우리가 글을 몰랐지, 인생을 몰랐나, 남해의봄날

리처드 니스벳 (2015) 무엇이 지능을 깨우는가, 김영사

바바라 베이그 (2011) 하버드 글쓰기 강의, 에쎄

매튜 D. 리버먼 (2015) 사회적 뇌, 시공사

존 가트맨 등(2011) 내 아이를 위한 감정 코칭, 한국경제신문사

존 레이티, 에릭 헤이거먼(2009) 운동화 신은 뇌, 북섬

스켑틱, 길러진 본능인가? 타고난 학습인가? 17호 (2019) 바다출판사

이영근 (2016) 초등 학급운영 어떻게 할까? 북섬

이케다 다이사쿠 (2017) 소설 신인간혁명 27권, 화광출판사

날마다 조금씩
자라는 아이들

첫 번째 찍은 날 2019년 7월 25일

지은이 천경호
펴낸이 이명회
펴낸곳 도서출판 이후
편집 김은주
디자인 박진범

글 ⓒ 천경호, 2019

등록 1998. 2. 18.(제13-828호)
주소 10449 경기 고양시 일산동구 호수로 358-25(동문타워 2차) 1004호
전화 031-908-5588 **팩스** 02-6020-9500
블로그 http://bolg.naver.com/ewhobook

ISBN 978-89-6157-097-8 (03300)

* 이 도서의 국립중앙도서관 출판예정도서목록(CIP)은
e-CIP 홈페이지(http://www.ni.go.kr)에서 이용하실 수 있습니다.
(CIP2019027514)